# 哲学之刀

## 稻盛和夫笔下的「新日本 新经营」

新しい日本 新しい経営

[日] 稻盛和夫 著

曹岫云 张凯 译

机械工业出版社
CHINA MACHINE PRESS

## 图书在版编目（CIP）数据

哲学之刀：稻盛和夫笔下的"新日本 新经营"/（日）稻盛和夫著；曹岫云，张凯译. —北京：机械工业出版社，2022.10
ISBN 978-7-111-71820-8

I. ①哲⋯ Ⅱ. ①稻⋯ ②曹⋯ ③张⋯ Ⅲ. ①企业管理－经验－日本－现代 Ⅳ. ①F279.313.3

中国版本图书馆CIP数据核字（2022）第192203号

北京市版权局著作权合同登记　图字：01-2022-2560号。

ATARASHII NIHON ATARASHII KEIEI By Kazuo INAMORI.
Copyright ©1998 KYOCERA Corporation.
Simplified Chinese Translation Copyright © 2023 by China Machine Press.
All rights reserved.
First original Japanese edition published by PHP Institute,Inc.,Japan.
Simplified Chinese translation rights arranged with PHP Institute,Inc. through Bardon Chinese Creative Agency Limited. This edition is authorized for sale in the Chinese mainland (excluding Hong Kong SAR, Macao SAR and Taiwan).
No part of this book may be reproduced or transmitted in any form or by any means, electronic or mechanical, including photocopying, recording or any information storage and retrieval system, without permission, in writing, from the publisher.

本书中文简体字版由PHP Institute,Inc.通过Bardon Chinese Creative Agency Limited授权机械工业出版社在中国大陆地区（不包括香港、澳门特别行政区及台湾地区）销售。未经出版者书面许可，不得以任何方式抄袭、复制或节录本书中的任何部分。

## 哲学之刀：稻盛和夫笔下的"新日本 新经营"

出版发行：机械工业出版社（北京市西城区百万庄大街22号　邮政编码：100037）
策划编辑：孟宪勐
责任编辑：岳晓月
责任校对：史静怡　　王明欣
责任印制：常天培
印　　刷：北京铭成印刷有限公司
版　　次：2023年4月第1版第1次印刷
开　　本：147mm×210mm　1/32
印　　张：6.875
书　　号：ISBN 978-7-111-71820-8
定　　价：49.00元

客服电话：（010）88361066　68326294

版权所有·侵权必究
封底无防伪标均为盗版

# 赞誉[一]

作为一位具备明确理念的企业家、一位热心社会公益的经营者，稻盛和夫刷新了将成为下一代世界商业领袖的日本经营者以往的形象。他创建的京瓷，推进技术革新，彻底履行企业社会责任。他的这种人生态度，在日美两国树立了先驱者的光辉榜样。

——托马斯·弗里，原美国驻日大使

稻盛和夫先生在多个方面为我们具体展示了高科技与人类共存的时代面貌。也就是说，稻盛不仅是京瓷这家处于世界领先地位的高科技企业的领导者，他还基于以人为本的经营哲学，以同情关爱之心对待员工。本书不仅是一本对西方人富有启示的东方著作，而且是对所有人都有益的书。

——约翰·奈斯比特，《大趋势》的作者

---

[一] 这些推荐语是本书英文版发行时收到的。

## 译者序

## 哲学之刀

我翻译了稻盛和夫先生的《心》《活法》《干法》《阿米巴经营》等25本著作,也写了《稻盛和夫与中国文化》《稻盛哲学与阳明心学》等4本书。但是,当我翻译28年前稻盛先生的杰作《哲学之刀:稻盛和夫笔下的"新日本 新经营"》,以及翻译结束后多次阅读该书的日语原文和中文译本时,我仍然禁不住拍案叫绝。我自问:这是为什么?

思来想去,这无非是哲学的魅力。这种魅力超越时空,经久不衰,激起我心中的波澜。

在本书中,稻盛先生用他特有的犀利的哲学之刀,剖析了日本民族,剖析了日本社会,剖析了企业经营,剖析了人性,并指出了种种问题的解决之道,视角新颖,说理透彻,语言生动,读起来兴趣盎然、回味无穷。

## 1. 用哲学之刀剖析日本民族

《菊与刀》《武士道》等涉及日本民族性格和日本历史的书可谓汗牛充栋，但本书从一个最简单、最基本的事实出发：日本民族是从稻作农业开始步入文明的。

耕种水稻需要构建水渠，这是共同作业；公平分水需要共同遵守的规则；插秧和收割时需要全村出动，一鼓作气……因此，村落内部的协调，优先于个人自由，村落逻辑由此而生，并极大地奠定了日本民族的基本性格。

村落及团队内部必须"以和为贵"，但面对对村落逻辑不起作用的外部世界，村落及团队就会展现斗争性的一面，甚至滑向残忍。

国家是放大的村落。日本明治维新后，采取"富国强兵"的政策，这是向西方学习。但日本接受西方自由主义和自由市场的概念，不是以个人主义为基础的，而是在"集团＝村落"层面上的自由竞争。其结果是，富国强兵不久偏向了"强兵"，最后走入军国主义的死胡同。日本在第二次世界大战（简称"二战"）中失败，被强制转型后，又偏向了"富国"，"集团＝村落"的原理就浓重地反映在日本企业和日本国家的行动上。日本利用从欧美引进的技术，利用团队精神及其低成本、高质量的优势，暴风骤雨般向国外倾销产品，抢夺当地厂商的市场。这种无限扩大自己利益的"独善其身"的行为，被指责为"经济侵略"。

对此，稻盛先生开出的药方是：

**日本要成为世界公民。**

2. 用哲学之刀剖析日本社会

对于日本社会，稻盛先生着重剖析了引发日本社会问题的两大因素：日本政府的官僚主义和日本大企业的封闭性。

稻盛先生从1990年年末开始，应邀参与日本政府的行政改革，历时三年。且看稻盛先生笔下日本的官僚主义。

死不认错："在官僚的世界里，犯错可以，认错却是禁忌。""本来，不隐瞒错误，公开承认，认真反思，才能进步。但这样的常识，在官僚的世界里却是行不通的。"

大人意识："日本官员认为，是自己建立并守护着这个国家。考虑国家大事的人，除自己之外别无他人，也不应该有他人。""在官看来，民从一到十，事无巨细，都必须被监视、指导或照料。他们认为，给民自由，民就会乱来。官对民抱有不信任感，'民可使由之，不可使知之'。"

官本位：日本政府是"属于官的、由官主导的、为官服务的政府"。在政府系统中，科的利益优先于局，局的利益优先于省[一]，省的利益优先于国，甚至到了"有局无省、有省无国"的地步。这种本位主义也带有村落逻辑的痕迹。

言论管制："立场不同，意见也不同，这本是理所当然的事。在相互尊重对方立场的基础上，堂堂正正地展开辩论，这才是民主主义的规则，但在官僚的世界里，连这一点都做不到。"

敷衍塞责："官员口中的'我们研究研究'，意思与'什么都不做'是同义词。"

组织僵化：作为个人，不少官员颇有见识，人格优秀，官员队伍是一个人才宝库。但是，"一旦代表组织开口说话，他们那种僵硬、那种顽固不化，有时会惊得我目瞪口呆"。

稻盛先生的这些说法，也惊得我目瞪口呆。

说到日本的大企业，有一条潜规则，就是只从自己的系列企业[二]中采购产品。这也是村落逻辑的一种延伸。

---

[一] 省相当于我国的部。——译者注
[二] 企业系列化是日本产业组织的特有形式。它以大银行为核心，以综合商社为事业开拓者，以众多中小企业为依托形成大型企业集团。其特点是具有极强的垄断性、排他性和竞争性。——译者注

这不仅对外国企业不公平，而且对新崛起的日本中小企业也不公平。在能源、建筑、金融、商业流通、交通运输行业，包括稻盛参与前的通信行业，日本大企业的封闭和垄断也惊得我瞠目结舌。

对日本的社会问题，稻盛先生开出的药方是：

**正确的社会观——国民大众是主角。**

但是，日本的官僚们、许多大企业的领导人，听不进稻盛先生的忠告。不久后，日本经济泡沫破裂，以及随之而来的"失去的30年"，便成了日本的宿命。

3. 用哲学之刀剖析企业经营

稻盛先生是企业经营者，他剖析企业经营，从剖析自己开始。

投资者出资帮助稻盛创业，其中甚至有人以自家房屋做担保，从银行贷款来为其提供流动资金。他们没有功利性目的，他们不仅看中稻盛的技术，更看重他的人品，特别是他的哲学。7名创业伙伴对稻盛更是赤胆忠心，让他感激涕零。他认识到，这种同志、伙伴之间互相信赖的心灵的纽带，才是最可靠的经营资源。所以，稻盛明确地提出了"以心为本"的经营方针，这在全世界企业经营史上是极为罕见的。

正是在这一方针的指引下，在处理11名高中毕业生的辞职事件时，稻盛毅然决然地改变了"技术问世"的创业初衷，确立了崭新的、不同凡响的经营理念：

在追求全体员工物心两方面幸福的同时，为人类社会的进步发展做出贡献。

这是一个紧紧抓住人心的伟大的理念。

全体员工都是企业的主人，都把企业看作自己的企业，都竭尽全力，为了企业的持续繁荣团结奋斗。

这就是正确经营企业的原理原则，稻盛把它放在"经营十二条"的第一条（明确事业的目的与意义）。全员参与经营的"阿米巴"模式也因此而产生。

在参与国家规模的通信事业，创建第二电电株式会社（DDI，现名KDDI）时，稻盛的口号是"动机至善，私心了无"，KDDI的经营理念是：

在追求全体员工物心两方面幸福的同时，通过提供超越客户期待的感动，为丰富多彩的信息社会的发展做出贡献。

京瓷和KDDI共有约10万名员工，他们已经在相当高的水平上，实现了物心两方面的幸福，并用他们的产品、技术、服务，乃至经营经验和经营哲学，为人类社会的发展进步做出了巨大贡献。这里的关键在于：

正确的经营观——经营在人心。

### 4. 用哲学之刀剖析人性

关于人性本善还是人性本恶,中国的圣贤争论了两千多年,至今依然众说纷纭、莫衷一是。

稻盛先生说:"善恶在人的心中同居,而人有选择的自由。选择善,并付诸实践,就是为善;选择恶,并付诸实践,就是作恶。"

稻盛先生的心路历程,就是他的人生历程,也是他经营企业的历程。在本书最后一章,稻盛细致而深刻地描述了这个历程。

从小时候患肺结核的切身体验中,他理解了身病与心病的关系;在开发新材料、新产品的过程中,他领悟了心中怀有强烈的愿望才是创造的原动力;在读《了凡四训》时,他认识到,心中抱有善念并付诸行动,就能让人的命运向好的方向转变。他悟得的人生方程式:

$$人生·工作的结果 = 思维方式 \times 热情 \times 能力$$
$$(-100 \sim +100)\ (0 \sim 100)\ (0 \sim 100)$$

其中,所谓"思维方式",就是心性。"提高心性,拓展经营"就是从这个方程式演化而来的。

我认为,在对人性,或者说人(间)的本质,或者说心的本质的研究中,稻盛先生的"心的同心圆结构"理论,是前无古人、今无他人的。在知性心、感情心、感觉心、本能心之内有灵魂，而灵魂的内核"真我"就是人（间）的本质，就是心的本质。所谓"真我"，就是"良知"，就是"利他之心"，也就是稻盛先生一切判断和行动的基准："作为人，何谓正确。"这是稻盛先生所有事业成功的出发点，也是归结点。

判断和行动的基准是"作为人，何谓正确"，而不是"作为自己个人，何谓正确"；不是"作为自己的集团，何谓正确"，也不是"作为自己的国家，何谓正确"。这是为什么？

因为"作为人，何谓正确"，就是要为人正直，不要骗人，不要贪婪，不要傲慢，不要懒惰，不要卑怯，不要损人利己、损公肥私等。这些做人的单纯的准则，只要领导者带头，大家都可以理解，都可以接受和实践，判断就会因此变得非常轻松。作为自己个人、作为自己的集团、作为自己的国家，何谓正确，背后的潜台词就是利益的问题，就是得失的问题，而人与人之间、集团与集团之间、国家与国家之间，利害得失往往是不同的，甚至是对立的。因此，以这些作为判断基准，问题就会变得非常复杂，判断就会变得非常困难。可以说，世间一切乱象的症结就在这里。

稻盛先生上述卓越的成功经验和深入浅出的成功哲学，是我们每个人都可以努力学习和认真实践的，只要我们养成自我反省的习惯并时刻不忘"利他之心"即"关爱之心"就行。正确的人间观——关爱之心，就是本书最后一章的标题，也是本书的结论。

曹岫云

2022 年 5 月 22 日

## 口袋版前言

大约四年前,我将平日里对日本社会和企业经营应有状态的思考归纳成书,并请TBS-BRITANNICA公司予以出版。

出乎我意料的是,这本书受到了很高的评价,即使在海外也一样。不仅以中文版(《经营之圣》)和英文版(*For People and for Profit*)出版了,其他语言的出版请求也接踵而至。

就我的本意来说,这本书只是想向日本人阐述我对日本社会和企业经营的看法,但为什么其他海外读者也关注这本书呢?最初我觉得不可思议。但是后来诸多欧美学者专程来拜访我,他们说"读了这本书,深有同感",还说"对本书的内容,我们准备举办专题学习会"等。听他们这么说,我强烈地感觉到,社会也好,经营也好,无论东方还是西方,其本质都是相同的。

正巧那时,PHP研究所提出要求,希望出版本书的口袋版。如果本书包含了若干有关社会和经营的、被称为真理的东西，那么以更加易读的口袋版出版，是再好不过了。于是，我接受了这一要求。

因为是四年前出版的，书中有一些数据是旧的。但是，我想通过此书传达给读者的基本观点没有任何变化。马上就将步入 21 世纪，日本将发生巨变，我衷心希望，有更多的人来阅读以口袋版出版的这本书，同时我也衷心希望，本书能对读者诸君的人生有所裨益。

稻盛和夫

1998 年 2 月

## 序言

大学毕业后,我作为技术员入职,从事研发工作,之后我将自己研发的新型陶瓷(当时的称呼)产品成功推向市场,并于35年前[一]创建了京瓷公司,又成功地将它培育成在全球拥有近3万名员工的大企业。

另外,约10年前,与日本电信事业自由化方针同步,我创建了DDI,并于1993年成功上市。京瓷集团和包含Cellular各公司在内的DDI集团,两家公司合计销售额约7400亿日元,税前利润约1100亿日元(1994年3月末结算预估值)。这两家企业都是从零开始的。

经常有人问我:"这么杰出的事业,您是如何成就的?"

我并非带着特殊的才能来到这世上。我出生并成长于日本偏远的农村鹿儿岛,在贫困中,父母勤恳劳作,养育了我们兄弟姐妹。我是一个在这个国家随处可见的、

---

[一] 指1959年。——译者注

喜欢调皮捣蛋的平凡少年，后来上了地方大学，很认真地度过了学生时代。就职以后，我只是一名企业员工，也有着一般年轻人都有的烦恼。

但是，在某个时候，我改变了自己的心态，专注于一项课题的研究。从此以后，作为技术者，继而作为经营者，我总是用正面的心态面对工作，认真思考，拼命努力，持之以恒。如今，我已年逾花甲，回顾过去的人生，我不禁感慨，自己居然干成了这么大的事业。

能有这么一番作为，连我自己也感到惊讶。能够成就这种大事业，并不是因为我一开始就能力出众，也并不是因为偶然碰上了好运，我认为，这样的事，既然连我都能做成，其他任何人应该也可以做成。

不过，为了成就事业，在做出判断时必须遵循"作为人，何谓正确"，遵循做人的原理原则；同时，在行动上必须每天每日孜孜不倦，不懈努力。正确判断、正确行动是有方法的，这种人生与工作的原理原则及其方法，我称为"哲学"。只要实践哲学，人们就能够取得连自己都想象不到的成功。

在本书中，我想阐述的就是这个哲学。它是我在经营京瓷的过程中领悟到的，接着，我又将它运用于DDI的经营，并证实了它的正确性。

这个哲学不仅适用于个人的人生和企业的经营，在有关日本的国家治理、国家前进的方向等问题上，也同样适用。因为国家大事，也是由人做的。

确实，我们日本人取得了经济上的成功，过上了物质富足的生活。尽管如此，无论是谁，对今天日本社会的状况、企业的现状，都抱有某种莫名的不安吧。日本已到重大转折期。

今天，人们都在探索新日本应有的姿态，探求新经营该有的样子。也就是说，今天，人们都在追求一种新的生活态度。这时候，如果本书能对读者的人生有所启迪，我将不胜欢喜。我衷心希望所有的人事业都能成功，人生都能幸福；我希望日本成为一个优秀的国家，受到全世界的尊敬，并与各国一道走向繁荣。

稻盛和夫

1994 年 5 月

# 目录

赞誉
译者序
口袋版前言
序言

## 第1章 充当地球社会的公民
## ——我的日本观

**重新认识日本**     2

    富裕的日本     2
    看不清日本的面孔     4
    村落社会的逻辑     7
    改变价值观就在今朝     10

## 2 日本企业为什么受到外国的批评　14

暴雨般倾销产品的日本企业　14
占有率至上主义的必然归宿　17
独善其身的日本企业　19
学习传统商法　23
独创和克制　25
为什么独创性不受重视　27
尊重个性　30
尊重"异能"　32

## 3 在地球社会生存　34

绳文文化与农耕文明　34
再生产与循环　36
非洲狩猎民族的智慧　38
与自然共生的烧荒农业　40
共生与循环　42
与社会共生　44
尊重多元价值观与慈善活动　46
在地球社会中共生　49

## 第 2 章 国民大众是主角
### ——我的社会观

**53**

**1 企业的职责**     54

大企业应自制     54
自然界的教诲     57
从封闭的企业社会到开放的企业社会     59
通过信息公开实现公平经营     63
独立自主的中小企业改变了日本     65
受大众欢迎的经营     68

**2 政府的职责**     71

通过行革审所了解到的     71
行政须为民     81
省厅利益优先的官僚体系     83
相信民众是施政之本     86

**3 创造真正的自由社会**     91

管制社会的历史与背景     91
消除内外差价，丰富国民生活     94
放宽管制，放手于民     97
将"和的精神"扩展到全世界     100
离官自立     101
走向真正的民主主义社会     103

## 第3章 经营在人心
### ——我的经营观
107

**1** 动机至善，私心了无   108
    技术者的创业浪漫   108
    追求全体员工物心两方面的幸福   112
    挑战电信事业   114
    进军移动通信事业   118

**2** 经营的原点   122
    学习本质   122

**3** 经营者的基本素养   137
    "以'爱''真诚''和谐'之心为根基"   137
    领导者必备的素质   142

## 第4章 关爱之心
### ——我的人间观
149

**1** 命运与立命   150
    思考心灵应有的状态   150
    强烈的愿望   153
    善念开运   155

| | | |
|---|---|---|
| | 提高心性 | 160 |
| | 按照"人生方程式"度过人生 | 167 |
| **2** | **心之结构** | **169** |
| | 从本能到灵魂 | 169 |
| | 变化之心与不变之心 | 172 |
| | 幸福在灵魂指示的方向 | 174 |
| **3** | **利他之心** | **177** |
| | 利己与利他 | 177 |
| | 心态不同会产生地狱与天堂之差 | 179 |
| | 用利他之心扩展人生视野 | 181 |
| | 把利他之心作为判断基准 | 183 |
| | 拓展利他之心 | 186 |
| | 人生须反省 | 188 |
| | 表彰杰出者 | 190 |

# 第 1 章

## 充当地球社会的公民
—— 我的日本观

## 1. 重新认识日本

### 富裕的日本

20世纪人类历史的特征,就是接连不断的技术革新,特别是二战以后,这一特征尤为显著。技术革新为世界经济的腾飞提供了原动力,其结果是,近代文明的恩泽扩展到了世界各地,加速了全球文明进程。

虽然世界上尚未充分享受到这种恩泽的地区还不在少数,但城市的发展,交通、通信的发达,各种疾病的攻克,平均寿命的延长,以及生活水平的大幅提升等,近代文明的硕果使人类的生活发生了质的改变,这是50年前,即二战之前,无法比拟的。

世界经济发展的推动力,除技术革新之外,还有不断进化的世界性自由贸易体制。"经济活动应该不受束缚,应该超越国界自由开展",随着这一自由贸易体制原理的确立，人类的可能性被大大地激发出来了。

特别是，世界各国协调合作，下调关税，努力消除贸易障碍，使得旨在促进各国间贸易的GATT（关税及贸易总协定）大获成效。1993年年末，在乌拉圭回合谈判上，历经艰辛谈判后，达成全面协议，确定了GATT新的体系框架，世界自由贸易体制又迈进了一大步。该体制作为世界经济最基本的体系，今后必将进一步推进，更有效地发挥作用。

二战后的日本，是从自由贸易体系发展中获益最大的国家之一。

二战后，从焦土上崛起的日本，经济实现了奇迹般的发展，现在已经成为仅次于美国的世界第二大经济体[一]，平均国民所得也已达到世界高水准。日本的城市功能正在逐步完善。国内消除了饥馑，大部分人不再为住房、穿衣发愁。不仅如此，日本人家中配置了各种电器产品，到世界各地旅游的人也在急速增加。日本变得富足了。

关于"日本经济奇迹"的原因，至今已有各种研究。我认为，日本国民兢兢业业、踏实努力是其内

---

[一] 作者写作本书的时间为1994年，当时日本是世界第二大经济体。——译者注

因，再就是世界自由贸易体制的发展这一外因，正是这二者的作用，才使日本经济实现了高速增长。

**看不清日本的面孔**

但是今天，日本却频繁受到来自欧美诸国的指责。特别是美国，对美贸易顺差的累积招致美国的强烈不满，美国的对日姿态越来越强硬。

的确，日本对美国贸易常年呈巨额顺差，但这并不是日方采取不正当行为的结果。日本企业为了开拓过去没有业绩的海外市场持续投资，为了满足客户对产品品质的要求不懈努力，作为结果，赢得了市场。日本不过是基于自由主义、遵循自由市场的运行原理采取行动而已。

我们丝毫没有破坏贸易规则的意图，并且，在对美贸易上，随着日本产业实力的提升，从纺织到钢铁、汽车、机床等主要产业领域，我们已相继实行了自我限制。日本一边沿用自由贸易的原理，一边最大限度地顾及美国的利益，但即便如此，"日本违反规则""日本怪异论"等指责依然不绝于耳。

按理说，日本在二战后已经成为重视和平的民主主义国家，并希望通过经济发展为世界做出贡献，至少,我自己是这么认为的。尽管如此,"日本企图支配世界"这类令人不安的言论不胫而走。

外国对日本的非议,是因为不知道日本在想什么。记忆犹新的是1990年的海湾战争,当时,日本被迫负担了130亿美元(国民人均达1万日元)的巨额战争费用,但国际社会连一声感谢也没有,完全漠视日本,这是我们屈辱的经历。

为什么会出现这样的情形呢?

日本拥有世界上高水准的工业生产能力,其技术实力、研发能力乃至日本市场本身,在世界上已经是举足轻重的。因此,国际社会要求日本在言行举止上,要与它强大的经济实力相匹配。日本之所以受到责难,正是因为自己在行动上存在问题。

问题之一是,日本企业借助其生产能力打入海外市场,向国外大量倾销产品,导致出口过度,结果是巨额的贸易顺差越积越多,进出口失去平衡,成为国际上抨击的对象。出口增加,是因为日本产品质量好,外国人争相购买,为何反受抨击?许多人觉得不可思议。

实际上,日本企业争先恐后,如倾泻的暴雨般倾销产品,为扩大在国外市场的占有率东奔西跑。也就是说，日本企业在国内不知餍足的占有率之争，现在又到全球市场的舞台上去演了。

二战后至今，日本是这样对国际社会做出解释并寻求理解的：日本是战败国，是资源匮乏的小国，只有保护国内产业，积极开展加工贸易，才能生存下去。日本在战后被允许的条件下，不得不拼命谋求自己的利益。

当日本实际上还只是一个小国的时候，尚可在世界的一个角落，按照自己的文化，任意而为，独善其身。但是，到了今天，GNP（国民生产总值）仅次于美国，经济规模已占世界将近15%，情况就完全不一样了。

今天的日本，必须对世界面临的问题负起相应的责任，必须考虑全球的课题，从而决定自己的行动。为此，就需要有和以往完全不同的思维方式。

想一想，外国人说看不清日本的面孔，难道不是因为日本人自己也看不清在世界中的日本的面孔吗？外国指责日本国内市场是封闭性的市场，其实不只是市场封闭，连我们的心，对世界也是关闭的。这就是原因。

## 村落社会的逻辑

日本的这种封闭，我认为是有原因的。

日本民族是从稻作农业开始步入文明的，这极大地奠定了日本民族的基本性格。稻作农业的特征是，比起个人的努力，共同体整体的集团性决定更重要。

水田耕作，灌溉设备必不可少。为了确保充足的水量，将水引入耕地，同时，无论耕地地势高低，都能毫无遗漏地公平配水，就要建设相应的水渠，这就必须进行大规模的土木施工。此外，在水渠中，何时、哪一个水道要打开，哪一条水路的水控制到何种程度，向哪一块田里送水等，要维持好这样的分水系统，就需要有强约束力的规则。总之，这不是个人思考、个人努力就能办成的，必须依靠村落、区域内的全体人员协力建设并齐心遵守规则。

还有，种植水稻，在插秧和收割时期，必须在短时间内集中投入劳力。一旦误了农时，就会影响收成，因此需要全村出动，一鼓作气，共同把事情做完。古时候被称为"结"的共同劳动组织，在日本各地普遍存在，就源于此。如此说来，集体行动才是重要的，个人擅自的行为会给整体的成果，有时甚至会给集团本身的存续，造成致命的打击。

稻作农业受降水量、日照、气温等的影响，当年的气候左右年成的好坏。不过，日本的自然环境整体比较温和，受此恩惠，收获颇丰。与此相对，游牧社会在严酷的自然环境中，为了寻求自然的恩惠，游牧民族需要不断地迁徙，并放养牲畜。在这里，就需要少数头领引导集团，并由此决定集团的命运。

这种依赖个人能力的游牧民族的性格要素，日本人是没有的。日本人将全部精力投入无法移动的田地，在竭尽人事的基础上，听凭自然，而自然对每个人都一视同仁，都施加同样的威力。在自然面前，"个人基本上都应该是平等的"思想，对日本人来说，完全是自然而然形成的。

在这样的社会里，与自然相协调，兢兢业业、踏踏实实、不懈努力，人们就能获得丰硕的成果。邻居准备种植，自己也仿而效之。模仿精于农耕的好手，以相同的方式种植相同的作物，就能享受丰收的喜悦。个人的特殊才能并非必要。比起独创，模仿更容易安身立命。

结果，"共同体＝村落"造就了稻作农业的基本体系。"村落"这个整体比个人更受重视，共同体的

"和"备受尊崇，与同村人的协调优先于个人的自由。此外，村落的成员都共有这样的价值观，所以都必须是同质的。我行我素、任意妄为者，将被看作村落秩序的破坏者。

村落作为一个生活单位，人们只要遵守内部的秩序，就能正常地生存。比起构建重视外部合作的开放性体系，共同体内部的协调运作更为重要，这样，"内部取向"的意识就产生了。

人们脱离村落就无法生活。人和人之间，不是通过契约或现实的算计，而是依靠自己无法切断的、与生俱来的"缘分"联结在一起的。为了维持村落的秩序，通常不是依靠理性的说服，而是强调基于"地缘""血缘"的情感纽带。

正因为如此，内部体系中出现矛盾时，比如水的分配矛盾等，不是通过理性的讨论来解决的，而往往会发展为激烈的感情纠纷。这种纠纷会拖延，理性解决不了。

共同体通过强制手段，保持内部的协调、和平及平等，一旦和村落逻辑不起作用的外部，即与其他共同体相碰时，其成员就会展现出极具斗争性、竞争性的一面，其行为有时甚至会滑向残忍。村落内部人员禁止使用的手段，却允许用来对付外部人员和其他共同体，这是一种双重标准。

伴随着稻作农业发展起来的共同体逻辑，一直延续到近代。在明治维新催动的日本近代化过程中，虽然引入了"自由"这一观念，但我们却没有同时接受"个人主义"。换句话说，在日本人看来，接受自由主义以及自由市场的概念，不是以个人为基础的，而是在"集团＝村落"层面上的自由竞争。

**改变价值观就在今朝**

伴随1868年的明治维新，日本正式开启了近代化的进程。在"富国强兵"的改革口号下，拼命努力追赶欧美各国，结果却是在与欧美列强争夺殖民地的战争中失败。二战后的日本，抛弃庞大军备，全力发展经济，从废墟中迅速崛起，成为世界第二大经济体。

在这个过程中，日本人作为世界公民，有几个必须改变价值观或观察事物方式的转折点。我用日本近代史的"40年周期论"来表述。

在明治维新时期，多数日本人把过去日本传统的东西称为"封建的"而丢弃，把新奇的、西洋的东西称为"近代的"而全盘肯定并接受。当时的知识分子由衷地认为，日本没有历史，日本的历史从现在才开始。他们用极端的态度否定过去，迅猛扩展军备，创建教育制度，创设行政、财政制度，制定宪法，实行议会政治，建设铁路和通信网络，移植并培养近代产业，整个日本的发展突飞猛进、势不可挡。其结果是，日本率先在亚洲完成产业革命，并于约40年后的1905年在日俄战争中获胜，成为列强之一。

然而，与此同时，各国对日本走军事大国的道路表达了深深的忧虑。按理说，日本在这个时点上，应该对富国强兵的政策踩下刹车。

但是此时，日本却吞并了韩国，沿着殖民帝国的道路径直挺进。对来自外国的掣肘，反认为有失公平而予以反驳；退出国际联盟；单方面废止缩减军备的《华盛顿条约》（即《限制海军军备条约》)，走上了孤立之路；接着，入侵中国，出兵东南亚，最终与美国开战。结果，数百万日本同胞丧命，全国主要城市被烧毁，生产力遭受毁灭性打击。更严重的是，作为欺负邻国的侵略者，日本成为众矢之的。付出了如此巨大的牺牲之后，在日俄战争40年后的1945年，日本迎来了无条件投降。

这次战败，成为一个被强制的转折点。至此，日本总算放弃了军备，把和平与经济发展作为"国是"，再度埋头苦干，不懈努力。结果经济持续发展，并且具备了世界第二的经济实力。然而，这次世界各国又指责日本进行经济侵略。

从1868年的明治维新到1905年的日俄战争胜利，大约40年；然后到1945年二战战败，正好又是40年。第二个40年，因为没有改变努力的方向，不仅糟蹋了努力获取的成果，而且还背上了巨额的负债。

从1945年战败开始，到促使日元升值、要求日本经济体系进行根本性变革的1985年的《广场协议》为止，又过去了整整40年。这期间日本实现了前所未有的繁荣，但同时又一次受到了各国的严厉批判。国民经济发展了，日元的价值受到高度认可⊖，但是国民的生活真的就因此变得富足了吗？人们提出了这样的问题。国内外人士都提出了日本诸多尚待改革的课题。此刻，如果日本不对二战后的"经济发展至上主义"进行反省，不踩下刹车，依然我行我素，抱着以往的思路一味冒进的话，很有可能重蹈战前的覆辙，再次祸国殃民。

---

⊖ 成为国际货币。——译者注

带着这样的忧虑，又过去 9 年时光。其间，日本对外形象的转换，日本企业行动的改变，日本行政/财政体系的改革、政治的改革，对经济零增长模式的摸索等，诸多课题都被提了出来。作为世界公民，日本需要脱胎换骨的改变，这样的时期到来了。

明治维新的先驱者，虽然也有许多负面的行为，比如重穿复古之衣等，但为了让日本在世界上继续生存，他们从政治、经济、社会全方位着手，把以往的制度还原为白纸，创建了一个崭新的国家。这代先驱者断然实行了明治初期的改革，但是他们的继承者，却不具备这种大胆改革的魄力，在应对环境的变化中失败，将国家导向了毁灭。

造就日本战后繁荣的第一代，就是我们的先辈，他们虽然求学于美国，但是由他们带头，实行了多项改革，取得了巨大的成功。如今，我们也迎来了与 50 年前同样巨大的变革期。

身为战后改革的第二代，我们的任务已经明确，这就是对由先人构建的、由我们继承的、长期以来习以为常的、日本现行的所有体系进行全方位的审视。这些体系或许是引导战后的日本走向繁荣的卓越的体系，其中也包括了官僚制度，这种制度在明治以来的

120年间，为日本的近代化做出了杰出的贡献。

但是我认为，在对这些体系进行大胆改革这一点上，我们必须向明治维新的先驱者学习。我们需要一种觉悟，无论是与政治、行政、教育等相关的国家的各种制度，还是企业体系、经济运营方式，一切都要暂且归零，对照日本在当今国际环境中的新定位，重新研究探讨。

不仅是体系本身，为了变革体系，还必须改变我们所持的价值观。稻作农耕型"以和为贵"的价值观，就是只维护自己集团内部封闭性的秩序，只关心集团自身的利益，这种"村落"社会的逻辑，我们必须与之诀别。对于世界人民担心的、需要共同应对的问题，我们要积极地做出贡献，要以心态开放的国民的形象，在这个世界上生活下去。我有一种担忧：如果错过这个时期，那么数十年以后，我们国家有可能再次面临毁灭。

## 2. 日本企业为什么受到外国的批评

### 暴雨般倾销产品的日本企业

上节已经说到，对日本二战后采用的体系必须进行全方位的审视。因为我是企业家，所以接下来要说的是有关企业行为的思考。

前文已经提及，日本企业向外国大量销售产品，出口远超进口，贸易顺差过高，成为外国批评的对象。于是，日本企业转变方式，改为在当地兴建工厂，在当地生产。这些工厂不仅对增加当地就业做出了贡献，通过零部件的采购等，也对振兴当地产业做出了贡献；工厂的产品出口到包括日本在内的海外市场，甚至对当地国家的出口也做出了贡献；工厂的员工还参加学校以及教会等组织的社会活动。通过上述种种举措，日本企业努力融入当地社会。

尽管如此，对日本的攻击并未因此得到缓解。日本当地企业生产的产品也被算入日本产品的占比，甚至出现了要对日本产品整体进行限制的倾向。非常遗憾的是，日本工厂外迁本身，有时也成了国际摩擦的原因。

我应邀到美国给美国公民讲演时，经常涉及这个问题。我说，我希望美国公民回忆他们的移民传统。从世界各地移民到美国的人们，虽然在各种不同颜色的皮肤下，流淌着他们出身民族的血液，但在美国宪法面前，不都是被当作美国公民平等对待的吗？在美国开办的外国企业是企业移民,哪怕资本和技术都来自日本,但它们遵守美国法律,为美国社会做贡献,所以希望大家能够理解,把它们的活动看作美国企业的活动。

针对外国的批评,日本国内反驳的论调愈加强硬。正因为有需要日本产品的客户存在,日本企业才会增加生产和销售,这是遵循自由贸易原理的行为,没有理由受到谴责。如果依据客户需求,生产物美价廉的产品也要受到批判的话,那么企业究竟应该怎么做才对呢?相较于一味努力、不断革新技术的日本企业,不肯努力的、懒惰的欧美企业才应该受到批评。以上这些就是日本企业经营者的真心话。

然而,我无法赞同这样的观点。欧美企业懈怠了技术革新,或者说,作为企业,它们在经营上没有尽最大努力,用这样的理由让它们承担全部责任,我认为是说不通的。至于引起当前问题的原因,第一需要反省的,难道不应该是日本企业自己吗?

话虽这么说,但我也不赞成某位经济界人士提出的主张。他说:"那就根据我们产品的品质,相应提高产品的价格,提高劳动报酬与股份分红,以此来避开外国的指责吧。"我认为,企业家不能贪图暴利,应该努力提供量足、价廉、质优的产品,这才是企业家永远的职责。

已故松下幸之助先生,把他命名的"自来水哲学"作为自己毕生的理想。他说好比一拧开水龙头,自来水就会喷出一样,要将高质量的产品足量地、廉价地向大众提供。我认为,松下的这一观点就是在现在也是对的。

外国人并非批评日本企业依照自由贸易原理开展活动,我认为,日本企业之所以受到指责,既不是因为优秀的技术,也不是因为当地消费者喜欢日本产品而让欧美企业家产生了忌妒,更不是因为人种的偏见。

日本企业受到批评指责的真正原因,不是销售物美价廉的产品,而是根本无视已经在当地市场开展活动的当地厂商,向人家的市场暴雨般集中倾销自己的产品。只考虑自身的利益,销量再大也不知餍足。不断增加出口,为的是从根本上夺取对方的市场,让当地厂商无法生存。难道事实不是这样吗?

**占有率至上主义的必然归宿**

那么,为什么日本企业要暴雨般集中倾销产品呢？主要是出于一种危机感，怕在自己能卖时不尽力去卖，竞争对手就会把市场抢去。日本社会是一个过度竞争的社会，如果自己在能够扩大市场占有率时不彻底扩大，市场就会被他人连根拔走。

回顾"二战"后从废墟中再次出发的日本，国民生活贫困，消费远未成熟，围绕这个有限的市场，竞争白热化。但通过这种竞争，松下、索尼、本田等新兴企业脱颖而出，堪称战后的日本之星。

在产品的差异化还不明显的阶段，在竞争中幸存的唯一方法就是提高市场占有率，即打赢市场份额争夺战。

此后，日本进入高速发展期，经济以每年约10%的增速持续增长。日本企业毅然先行投资设备，调整好大批量生产体制，尽量提高市场占有率，全力以赴，确保在行业内的稳定地位。在这样的竞争中，日本形成了产业内以市场占比为基础的企业排序。在这个序列中，一边保持协调，一边为争夺排位，继续展开激烈的竞争。市场占比竞争的背后，是设备投资的竞争，旺盛的企业设备投资让日本经济充满了活力。

日本企业一边保护国内市场不让外国企业染指，一边借着GATT等国际自由贸易体系发展的浪潮，大肆进军海外市场。日本企业把扩展国际市场作为前提，进一步大量增产，在国外市场也与在日本国内市场一样，以抢占更多的市场份额为目标。

打入海外市场，获得更大的市场份额，就可以继续降低产品的平均价格。以国外竞争对手无法模仿的、高性能且廉价的、大量供应的产品为武器，日本企业不断涌向海外，在世界市场上称王称霸。

就这样，在二战后的半个世纪，一味强化生产力、追求市场开拓的日本企业，大大地提升了在世界市场中的占有率。

在主要产业领域，日本企业已经占据了世界大企业的顶层位置。从战争废墟中走来的人，谁能预测到会有今天这种状况呢？外国人用惊异的目光看待日本的发展。即使对于许多日本人来说，日本经济的发展势头也是以往无法想象的。而作为主角的日本企业的主要战略，就是不知餍足地追求市场占有率。

**独善其身的日本企业**

市场占有率第一主义，在日本国内市场及出口市场持续增长期间是极为奏效的。在市场增长的前提下，为了增加产量，果断进行设备投资，谋求扩大市场占有率。这一战略比起着眼短期利益，更看重长期利益，成为日本式经营的精髓，在国际也曾享有盛誉。

不过，在强大的日本企业面前，世界上许多企业败下阵来，市场份额被夺走。即使在欧美各国，也有很多企业被迫裁员、关厂甚至破产。随着失业人数的增加，严厉抨击日本企业行为的声音高涨起来。

这样，日本企业间贪得无厌的市场占有率竞争，导致了怒涛般的海外进军和暴雨般的集中倾销，结果是日本企业支配了国际市场。只要不改变这种竞争机制，日本企业的海外进军就不会停歇，来自外国的批判之声也就不会休止。

之所以形成这种局面，是因为日本人对于自由本质的理解，与欧美人迥然不同。

19世纪，日本被卷入国际市场，当时的世界还处于古典自由主义的支配之下，那是残酷的弱肉强食（野蛮资本主义）的时代。日本人一说到自由，与经常提到的"干什么都行"意思相同。现在的事实表明，日本人至今仍然深陷于19世纪古典自由主义的阴影里无法自拔。

为了保障集团之间的自由竞争，日本人接受了自由经济体系，这一点前面已经阐述过了。因此，对日本人来说，作为集团，如何在这个残酷的自由竞争中生存是一个课题。日本人作为国民，以国家集团的形式与世界其他民族竞争，以求生存；同时，作为企业，即构成个人生活基础的共同体（＝集团），也要通过不断的相互竞争生存下去。日本人继承了历史上"集团＝村落"的理念，并色彩浓重地反映到了当今日本企业的行动上，这是显而易见的。它的具体表现就是，日本企业向国外市场暴雨般集中倾销产品。

在日本，人们经常把充满竞争的自由市场比喻为野生动物的世界，也就是弱肉强食的世界。然而，仔细观察的话就会发现，自然界中形成了一种严格的秩序，哪怕是凶猛的野兽，也得依从这种秩序生活。

狮子等肉食动物，只有在空腹时才会袭击草食动物，饱腹时，再弱小的动物靠近身边，它们也不会随意捕食。

维持自己生命所必需的食物到手后，就不会再无端杀生。因为肉食动物知道，假如把草食动物捕尽杀绝，就会威胁到自身的生存。把狩猎限制在必要的限度之内，肉食动物具备了与草食动物共生的智慧。我以为，狩猎民族也有同样的智慧。

欧美所说的自由，并不意味着"干什么都行"。19世纪的古典自由主义时期，即使在西欧，也只是一个特殊的时期而已。这之前，在资本主义刚兴起的时期，就有新教伦理：要拼命劳作，生产更多的东西，将所得与邻居们分享，这么做符合神的教诲。这就是勤劳的伦理。同时，削减不必要的开支，积蓄盈余，有了这种节俭的伦理，才能积累资本，才产生了将资本投入新事业，谋求事业扩大的资本家的行动。

这些初期资本主义的旗手，在谋求盈利的同时，不贪图暴利。他们不忘把在神的名义下获得的利润回馈社会，为社会做贡献。

诚然，在欧美，个人的行为属于原则性自由，表面上似乎是弱肉强食，但细看其内容就会明白，其中蕴藏着对一切生命绝不斩草除根、自我抑制的原理。同时也形成了一种社会规则，就是只取自己生活之需，不贪图超过必需的额外之物。

这也许是基于基督教传统的缘故，或者是因为继承了以猎物的再生产为前提的狩猎时代的文化，抑或是因为社会已经足够成熟的缘由吧。总之，在西欧社会，虽然一时出现过像19世纪那种自以为是乃至残酷横暴的行为，但过了不久，这个内在的抑制原理就自动发挥了作用，而在今日，这已经成了社会普遍的规则。

用这样的观点来看的话，日本企业不懂这个原理，只是依据对历史某个时点所接受的、歪曲了的"自由主义"的理解，自行其是。这在欧美人看来，不就是违反规则吗？更不用说，日本企业是后来者，是欧美占据市场之后再加入的。欧美企业创造了市场，是在该市场上生活的原住民，日本企业绝不能只为了自身利益，将欧美企业的森林变为不毛之地。

**学习传统商法**

京瓷的创始地是京都，京都有许多保持了数百年信誉的老字号企业。由它们作为传统继承下来的"京都商法"，至今仍有许多内容值得学习。

据说，一家著名的酱菜店每天只开两桶酱菜。早上店铺开门前，就有顾客在门前排队等候，但是，当天的量一经卖完，即使还有顾客排队，也照样关门，店员只好说："想买的各位，请明天再来吧。"酱菜一旦批量生产，风味就会改变，店家很清楚这一点。为了维护质量，他们有意控制产量，于是就出现了上述情况。这是"买卖不超量"的经营思想。

上午结束生意的话,能尽早为明天做准备,傍晚就可以参加文艺活动或干脆游乐了,培育街镇文化的闲暇由此而生。

别的经营酱菜的商店虽然还有很多,但每家都有各自独特的风味,都有自己忠实的顾客,都能维持自己的买卖。这里的竞争,与其说是量的竞争,不如说是质的竞争,也是个性的竞争。以质的差异,形成自己独特的市场,这就是所谓"分而栖之"。因此,只生产有限的产品,维持合理的价格,生存完全没有问题。

京都点心和清水烧等也是如此。要保持手工制作的风味,就只能生产有限数量的产品。这种为有限的客户专心致志制作独特产品的老字号,在京都为数不少。保持最佳品质,在独创性上相互竞争,再小也要确保独自的市场,老字号就这样守护着自己的传统。

拥有独自的市场,分而栖之的做法,就是自己不受侵犯,也不去侵犯对方的市场。"真正的商人须知:对方立,我亦立。"这是江户时代中期活跃在京都的思想家石田梅岩的教诲。梅岩的思想被称为"心学"。所谓心学,如其字面意思,即心之学问,就是了解内心的活动,正确地控制它,由此实现幸福。直到现在，有关心学的讲座，还经常在京都的街镇举办，会场就设在普通的商家，讲师也是街镇的人。

京都是日本最早城市化、最早构建成熟商业社会的日本"商人道"的发祥地。京都具备触及经营核心的伦理，就是不做驱逐竞争对手、只顾自己赚钱的事。因为这种行为会招人怨恨，事业也不会长久。

**独创和克制**

这种传统商法，同当今日本企业的行动不同，其基本的差别之一就在于"是独创还是模仿"。我认为，日本企业的模仿体质催生了市场至上主义和过度竞争。

也就是说，一旦一家公司凭借新技术、新点子获得成功，其他企业就会马上紧跟追随，竞相生产类似的产品。因为已经有了成功的先例，只要进一步琢磨、改良，降低成本，那么，同样的产品，价格做到比先行者更低是比较容易的。此外，还可以进入先行者创造的市场，展开市场占有率的竞争，也就是上演所谓"同质化竞争"。

先行者一旦懈怠，市场就很快被其他企业夺走，因此，为了抢先占领市场，确保市场占有率，势必在批量生产上展开激烈竞争。大家都扩大产能，增加产量，整体上，生产能力就会超过国内需求。这样，国内饱和的产品，就会暴雨般倾销海外，成为扰乱海外市场的要因。

这种模仿体质，即"横向看齐"体质形成的原因，或者说独创性不受尊重、不被重视的理由，后文再谈。但是，这种体质，至少在明治以来的近代化进程中，在引进海外的先进文化与先进技术方面，发挥了巨大作用，这是确定无疑的。当然，许多日本企业并不只是单纯的模仿，而是尽力活用欧美先行的基础研究的成果，制造了更好、更便宜的产品。

但是，顺着类似的路线，一味赶超外国的时代已告终结。生产类同的产品，在既有市场上你争我夺，这类竞争被抑制的时候到来了。拿相同的产品，打入先行企业开拓的市场，蜂拥闯入人家企业活动的市场，从根本上抢夺先行企业生存的基础，这样的行为，日本企业必须慎重地加以节制。

不必担心中止这种同质化竞争会降低社会的活力。只要在新的领域，展开创造新市场的竞争，展开研发独创性产品的竞争，就可以了。只要开拓新市场，日本就会充满活力。

要降低风险,提高投资效率,模仿是有效的方法。要发挥独创性,创造市场,这方面的竞争则伴随着很大的风险。但是,创造性的技术革新和创意,会孕育新的需求,产生新的经济价值,必将成为今后经济发展的主角。

今后,日本企业必须克制不知餍足的霸占市场的冲动,尊重他人的独创性事业,要在新的领域,发挥自己的创造性,去和别人竞争。

在第2章中我将阐述,巨型企业为了让自己受到世界的欢迎,同时,也为了创建一个公平的竞争社会,它们必须自我克制,它们的行动必须慎重。无论在国内还是在国外,对于维持公正的秩序和整体的发展,日本企业已经到了必须承担责任的阶段。

**为什么独创性不受重视**

那么,为什么模仿会在日本如此深入扎根呢?一种说法认为,原因在古代水田稻作农业上。首先拿水的管理来说,稻作农业中,需要大家在同一时期一齐采取相同的行动。这种方法保证只要不误农时,就能获取收成。只要模仿大家的行动,就能得到相同的收获。在这里,独创性不重要,要紧的是集团内部的

"和"以及勤勉。

还有，明治的近代化过程本身也是原因。明治的"文明开化"是从外国传入的，新奇的东西、优秀的东西都是国外产品，舶来文化是大家憧憬的对象。因为对近代生活的向往，所以大众对舶来品的需求旺盛。但舶来品价高量少，为了满足这种向往，模仿欧美产品，由国产品取而代之的需求也就产生了。

即使是日本企业已对世界构成威胁的今天，这种崇尚舶来品的习性依然如故，特别是在医疗、药品领域，"欧美技术最好"的观念至今仍有影响。

说到这里，让我想到的是对技术人员的评价标准。在日本经济进入高速增长期之前，即1955年到1960年前后，那是我实际经历的事。当时，只要听到欧美已经制造出某种东西的消息，半年或一年后，就能做出同样东西的技术员，被认为最优；看到产品样本，就能够做出同样东西的技术员次之；拿到产品实物，能够制造出同样东西的技术员属于第三等；最差的技术员是看着实物，还是做不出来的人。

然而，欧美没有的、独创性的技术，反而得不到好评，在获得欧美认可之前，这样的技术被忽视是常事。也就是说，能做出与欧美同样的东西，会受到最高评价，而独创性则不是赞赏的对象，这种偏见至今仍存在。当然，银行也不信任本国技术，而政府认可的从外国引进的技术，则很容易获得银行的融资。

另外，自战时、战后的管制期以来，政府对产业管理的苛严，也被认为是原因之一。日本把资金、原材料的供给，技术引进等政策称为产业政策。国家的方针是指导业界横向划一，遵守秩序。服从指导，没有独创性的企业反被称为好企业。实际上，如果不遵守规定的方针，企业甚至无法开展经营。

即使到了战后，在许多行业，政府依然进行严格的管制和指导。新的技术研发，要在政府的认可与保护下，由整个行业协同配合、一起行动，这已成常态。而且，这种技术开发也是外国已经先行成功的，或者基本构想已经成熟、确认一定能成功的项目才能优先。新事业的申请，要到行业里绝大多数企业都能实施时，才能获得批准。

这一系列制度，让所有企业都感觉到：独创带来的风险太大，想要获利，最保险的方法就是放弃独创，选择模仿。

## 尊重个性

日本企业在海外大量销售的产品,大部分不过是模仿了欧美发明的技术而已,这种批判,至今仍然尖锐强烈。虽然我并不认为这一批判完全正确,但觉得它基本符合事实的人,恐怕非我一个吧。

不仅是技术,消费者和社会的动向也是如此。许多企业家都是在美国获得开展新事业的启示的。敏感的经营者很早就注意到,在美国流行的东西,用不了几年,在日本也会被大众接受。为了搞到有关的信息,他们频繁造访美国。

如今,日本社会已开始与美国并肩于世界的前列。在日本流行的东西,畅销到国际市场的例子也有所见。日本的技术储备和技术人才,其水平基本也能与美国不相上下。尽管如此,某些事业遍布全球、实力强大到足以君临天下、身处世界顶尖地位的日本大企业,至今仍在模仿别人,遭世人耻笑。

如果说日本企业缺乏独创性,那也不能归咎于日本人缺乏独创性。外国企业之所以能开发独创性技术,能开拓独创性事业,是因为它们具备"一定要这么做"的强烈意志,以及尊重独创的氛围。日本企业要一扫模仿之风，革新开展事业的姿态，那就要在注重基础研究的同时，构建催生独创性思维的机制，加紧人才培育。

这个时代，已经可以汇聚全世界的人才，在全世界组织研发了。在日本，能够明确表达自我主张的人才也在成长，只要营造合适的企业氛围，接纳这种富有个性的人才，就一定能够推进独创性的研发。

尊重独创，重视个性的经营，同反思与日本企业独特的雇佣制度融为一体的、过度的"公司中心主义"，是相辅相成的。从集团利益优先，转变为重视个人，建立以个人良知为基础的、健全的社会，这才是真正的民主主义的根基。同时，这件事情，与从极端的、以生产者为中心的运营模式，转向消费者、大众利益第一的运营模式，呈现表里一体的关系。

但是，尊重独创的风气，一朝一夕是难以形成的。

35年前，在京都的一隅创业时，京瓷是一个仅有28名员工的小微企业。大企业人才济济、资金充足，批量生产很容易组织。所以，如果在相同的领域生产仿制品的话，京瓷与大企业竞争，就好比关公面前耍大刀。我们必须做大企业不做的产品。

我们采取与一般企业相反的做法。京瓷刚创业时就立志"成为开拓者"！我们不靠模仿，模仿绝无生路。京瓷做别人不做的事，走别人回避的路。重视独创，发挥个性，不模仿别人，研发自己独有的技术，以此成为世界陶瓷行业的技术领军企业。我们怀揣梦想。我坚信，正因为有了这一梦想，才有了今日的京瓷。

**尊重"异能"**[一]

要在日本社会培育独创性，只靠企业的努力是不够的。全社会都要重视个性，重视培育独特的创意，并施行这方面的教育。但是，注重个性及独创性，不能只停留在口头上。

在日本这个国家，真正意义上的独创性和个性，是否受到了尊重？我认为很值得怀疑。独特的创意意味着打破常识，所以，最初不管怎样都会受到批判。实际上，如果经不住通常的批判，不能证明其有效性的话，独特的创意就无法在现实中落地。

为此，需要有强韧的个性。另外，重要的是培养能够明确表达自我主张的人才，营造接纳这种人才

---

[一] 异能，指特殊才能。——译者注

的社会风气。"枪打出头鸟""顺权势者为俊杰"等教条占据主导地位，或者忽视个性，重视集团的"和"，排斥持不同意见的人，在对这些习以为常的庸俗社会里，比如日本，独特的创意刚发芽就会被连根拔除。

比如在学校，从教育进度，到日常生活的每个细节，在遵守集团秩序的名义下，无不要求步调一致。如果有人做不到，就会被无情抛弃。这样做，自然会出现厌学的孩子。每个孩子的个性都不同，无论吃什么、学什么、喜好什么、擅长什么，都有差异，这是理所当然的。

以升学考试为目的，教师训练学生，让他们都能自动填写符合一定模型的答案。选择学校，档次也是根据学生的偏差值排序，自动匹配的。至于校风和教育内容，则是放在第二位的。通过拼命努力，在考试大战中获胜的孩子，他们走进大学以后，除了分数，还具备自己独特的专长，这种可能性就极小了。

近年来，人们倡导价值的多元化，允许有各种不同的思想和观点。但是，无论社会还是家庭，个性鲜明、自我主张强烈的人，仍然会被斥为认死理、神经质、不听长辈言等，从而遭到大家的疏远。做老好人，不争论、不起冲突、安稳度日，这些才被认为是人生智慧，是值得推广的日本式价值观。而自己独立选择，采取与众不同、风格独特的生活方式，即使在某个范围内被容忍，在整个社会也是不受欢迎的。

无论企业还是政府，对于尚无先例的、基于崭新理念的提案，不是积极采纳、推荐奖励，而是先搁置、放着再说，或者持保留态度，或予以限制。日本盛行横向平等主义、先例主义，要养成尊重独创的风气，还需很长时间。

如果真要培养独创性，就必须重视不同寻常的、打破常识的思维和创意。换句话说，就是尊重"异能"。必须容忍与众不同的意见，容忍与常识相异的观点。但日本的教育制度和社会常识，追求同一模式下整齐划一的成果，而推进独创，则需要与此完全相反的思维方式。

## 3. 在地球社会生存

### 绳文文化与农耕文明

根据国立日本文化研究中心所长梅原猛先生的研究，日本的绳文时代，即狩猎、捕鱼与采集时代，曾是日本原住民的日本民族与山和海是共生的。

从发掘出土的绳文时代的遗物中，可以看出狩猎、捕鱼与采集时代人们的生活方式。例如，从当时的贝冢⊖中，挖掘出植物的种子、动物的骨头以及贝壳等，有时还能发现被保存的加工食品之类的东西。由此可知，先人们吃的是什么，是怎么吃的。

绳文时代延续的时间很长，从相对比较新的遗址中还发现了未碾的稻谷和水田的痕迹，说明当时已经有了水稻的栽培。

然而，有一种现象意味深长。在绳文之后的弥生时代，稻作农耕成了主流。据说在弥生时代的遗址中，发现了凹陷或穿孔的头盖骨，以及插进过石镞的背骨。这是人类相互残杀的印记，在之前的绳文时代的遗址中没有发现过。

说到狩猎、捕鱼与采集，人们通常的印象是野蛮的，但其实在当时的遗址中，并没有发现人与人相互杀戮的痕迹；此外，一提到农耕民族，我们联想到的是和平安逸的村落。但就在弥生时代的遗址中，却最早发现了战争的证据。

梅原先生解释说，这是农耕普及后开始出现了储存的缘故。在稻作农业中，全年主要粮食一次收获

---

⊖ 古人丢弃的贝壳不断堆积形成的遗迹。——译者注

到手，储存成为常态。稻作发展，粮食丰富，生活安定。但是，人们想要更多地储藏以备将来之需。于是，想要更多储藏的欲望开始膨胀，争斗由此而生。一旦得知别的村落储存了大量稻米，就会有人想去袭击该村落，抢夺其储备。战争和掠夺的历史由此拉开帷幕。

**再生产与循环**

绳文时代的日本人，生活在富饶的森林中，享受果实、动物等山的恩泽，鱼贝等海的馈赠，过着狩猎、捕鱼与采集的生活。他们接纳并感谢自然的恩赐，祈祷这些恩泽再次光临，以便与自然循环共生。他们不像文明时代那样过分干预自然，而是在自然可以再生产的范围内，只获取自己必需的东西。他们具备这种智慧。

在梅原先生看来，今天的"熊祭"就是当时生活方式的遗痕。所谓熊祭，是阿伊努人捕捉到熊后，将猎物熊的灵魂送上天的祭祀活动。他们祈祷被送走的灵魂再生为熊，回到自己的身边，为自己带来美味的肉食和有用的皮毛。

这就是森林中再生和循环的思想。虽说熊肉美味可口，但大肆捕杀的话，熊的再生产就失去可能，熊就会灭绝。这样的话，受其恩惠的人自己的生活也会失却根基。自然如果不能循环的话，那么与自然共生的人类只好转移生活场所，极端的情况下，只能坐以待毙。

在自然循环和再生产的流程中，得其恩惠而生的绳文人清楚地知道，破坏自然的循环，会导致人类的灭亡。

但是，随着农耕、畜牧文明的发展，人类开始了支配自然的尝试。文明将人工之手加入自然，随着欲望的增大，这种加入程度越发增强。终于，自然的循环结构崩坏，文明的繁荣与衰退从此周而复始。特别在起始于欧洲的近代文明中，人类消耗大量的能源制造征服自然的工具，创造了富裕的物质生活。然而，作为代价，却给自己赖以生存的生态系统和地球的循环机制带来了致命的打击。

今天，人们呼吁关注地球环境的危机，而打着文明的旗号，制造这种危机的，就是我们自己。难道我们不应该重温狩猎、捕鱼与采集的绳文时代的日本人的智慧，并向他们学习吗？一切生物共生共存，天地自然循环不休，生命也在循环。难道我们不应该学习这一思想，对近代文明肆意放任的发展踩下刹车吗？

我将这种思想称为"共生""循环"的思想。我们的祖先，在绳文时期的森林中与其他生物共享森林资源，共同拥抱森林。我们也可以把他们的这种生活姿态进行归纳，称之为"森林思想"。

**非洲狩猎民族的智慧**

京都大学名誉教授伊谷纯一郎先生，是灵长类动物研究的世界第一人。他研究居住在非洲刚果群山中的野生黑猩猩社会，以及非洲与自然共生的未开化的社会。从伊谷先生那里，我听到这样的故事：

在山里寻找黑猩猩栖息地时，途中要经过一个小小的狩猎民族的部落。有一次，我特意观察了他们狩猎的情形。部落里所有的男人一起出动，只要有一人打倒一头鹿或斑马之类的大型动物，当天的狩猎即告结束。大家中止狩猎，一起扛着猎物返回。打倒猎物者喜气洋洋，走在队伍的前头。

回到住地，打倒猎物者在自家的门前宰割猎物，部落全员聚集观看，并分享战果。打倒猎物的那家，分到哪一部分的肉、分到多少，好像都有定规。剩下的部分，按照与猎杀者血缘远近的顺序分配。

意味深长的是，一家分到肉后，其余的肉一定按照以这家为中心的血缘远近的顺序进行分配。肉的分量也是由亲到疏，血缘越远，分得越少，最后的人只能分到一点边角肉。领到肉的人，再分赠给其家族成员。这样做的最终结果是，猎物几乎平等地分给了村落里的每个人。

所获猎物按照一定的规则在部落中分配，看到这样的情形，伊谷先生感慨万千。虽说人们尚未开化，但秩序井然，平等分配的目的自然达成，这是多么了不起的体制啊！

只是等着领一块小小的肉，对于部落人员的这种态度，伊谷先生难以理解。难道他们没有想获更多肉的欲望吗？于是，他问其中一人："你为何不再打一头？"那人当即回答："那不行！"虽然自己打到猎物，就可分得最多，自家人可以饱餐一顿，但是今天他不会再去捕猎。

伊谷先生说，黑猩猩的社会同样如此。黑猩猩属于杂食动物，主要食用水果、树叶等植物，但也吃肉。实际上，黑猩猩是非常凶猛的动物，可以击倒像鹿一样的大型动物。这时，黑猩猩也是团体作战，只要有谁击倒一头个头大的鹿，其他的黑猩猩就会停止狩猎，聚集到猎杀成功的那只黑猩猩处，由它将猎物的肉撕碎，分给其他黑猩猩。

伊谷先生指出："这种分配行为，最初我认为不过是灵长类动物以及未开化民族的极其原始的社会行为，但后来我意识到，实际上这是抑制自身欲望膨胀、实现与自然共生的智慧。"

这种智慧与前文阐述的绳文人的共生和循环以及再生产的观念如出一辙。即使像黑猩猩这样的灵长类动物以及未开化民族，为了与自然共生存，也采用这样的形式来抑制自己的欲望。

**与自然共生的烧荒农业**

另外，在黑猩猩栖居的森林附近，还有一个从事烧荒农业的小小的土著村落。那里的人十分好客，伊谷先生一行每次到访，他们都盛情款待。

去过该村落多次后，那里的长老透露："去年在你们之后，其他国家的人也曾到访，后来，吃的食物就不够了，我们很为难。"他们只生产足够自己吃一年的食粮，而招待客人的，只能从中挤出。

这样，食物当然就不够了。因此，伊谷先生就问："既然如此，为什么预先不多耕作一点呢？"长老回道："神不允许。"这些神被供奉在村落的各个角落，为的是守护这个村落。

伊谷先生说，原来每到青黄不接时，他们就会挨饿，现在又因为招待客人，造成粮食不足的现象年年发生。

他们使用原始的农耕器具，在村落步行可至的范围内，从事烧荒农业。他们开辟森林，放火烧林成灰，在土壤肥沃处播种作物。

但是因为不施肥料，连年耕作之后，土壤逐渐贫瘠，收成减少。于是他们就开辟新的森林，继续烧荒造田。比如，将该村落周围的森林 10 等分，每块地耕作 6 年的话，60 年后就又回到最初的那块土地。此时，森林已重新繁茂了起来，又可以再次烧荒垦种了。

通常，烧荒农业是烧毁森林，看起来是在破坏环境，但与自然共生的烧荒农业，实则是十分出色的再生产系统。

不过，如果听任欲望支配，不断扩大耕地，循环的周期就会缩短，在森林复原之前就被烧完。这样的话，因为地力还没有恢复，所以为了确保相同的收成，就得焚烧更多的森林，循环的周期只能进一步缩短。如此这般，循环系统崩溃，森林破坏加剧，烧荒农业就难以为继。最终留下的只有一片不毛之地。

不过量耕作的烧荒农耕民族，把循环和共生的法则视为"神的意志"，他们完全掌握了与森林共生的方法。

理解自然的恩惠，懂得自然的再生产能力，将人类的活动限制在这一范围之内，抑制欲望的膨胀，这就是与自然共生共存的智慧。

文明开化之前的人类具备的这种"共生"与"循环"的思想，也能给我们今天的经济活动许多启示。扰乱自然环境循环系统的经济行为，类似让整个森林失去再生产能力的经济行为，即使能带来一时的增长，也无法持久。这样的行为终将危及我们人类赖以生存的根基。

**共生与循环**

在生物界，多种多样的生物各自栖息的场所不同，入口的食物不同，"分而栖之"，各得其所，共生共存。人类社会也一样，要容忍异质的存在，与之共生，谋求共同发展，这是在地球上生存下去的智慧。

数年前，"共生"这一词成了流行语。以经济团体联合会为首，财界、政界都频繁使用这个词汇。其实在生物学中也有"symbiosis"（共生）这个词，指的是异种的个体通过共同生活，实现互利的一种关系。但它又与所谓勾结、串通或排他性的系列关系相类似。因此，"共生论"就是"kartell（卡特尔，即同业联合）允许论"的别称，甚至有经济学家如此断言。

但我所说的共生，不是"symbiosis"，即字面上的"共同生存"，而指的是地球上一切生物从根本上相互尊重、共同生存的状态，翻译成英文的话，"living together"比较合适。也就是说，大家一起生存。所有生物，都通过抑制自身的欲望生存下去，谓之"共生"。

在地球上，一切生命都在共生。并且，在这个共生事实的背后，存在着生命循环的原理，一切生物都循环往复，互为支撑。在捕食关系中，捕食者也只是捕捉维持自身生命所需的最低量的猎物。一旦过量，势必导致食物减少，进而危及自身的生存。只为自己的利己行为，必将摧毁自己赖以生存的基础。人类也摆脱不了这个原理。

为了实现共生,就必须认识循环的原理,必须抑制欲望的无限膨胀,把自己的活动控制在循环原理起作用的范围之内。我所说的共生,缺了自我抑制,就不可能实现。

**与社会共生**

在文明开化之前,我们的祖先深知,抱着利己的思想、抱着"只要自己好就行"的想法行事的话,过不了几代,大家都会饿死,都将灭亡。秉持与森林共存共生的观念,让森林茂盛,自己也活得滋润。这样的原理原则,他们在实际生活中心领神会。

想到这里,我们就能懂得,必须抑制与文明同步产生的、巨大化了的个人欲望。为此,就需要倡导佛教中"知足"的道理。我认为,绳文时代的人们,虽然没有宣扬任何理论,但却以某种形式践行了这个道理。

一度业绩傲人、受到媒体关注、名声大噪的企业家,最终却经营失败,企业倒闭,这样的例子层出不穷。一旦成功,在周围人的吹捧中,自己就会越发得意忘形,不惜铺张浪费。本来是靠着谦虚,依照做人的原则，做出正确的判断，方才取得成功的，这时却忘了本，过分相信自己的力量，生活奢侈，为亲属谋私利，违背良知，一意孤行。"以前创业时他可不是这种人，原先蛮踏实的一个人……"周围群众不免私下议论。

越成功，就越容易失去众人的支持，朝没落之路快跑，原因就在于他们不懂得"知足"。

中小企业的经营者中，把公司视为己有的人多得出人意料。在相当多的大企业的经营者中，也不乏这样的人。既然企业是自己的，是为自己而存在的，当然会想自己赚得越多越好。利己主义抬头，他们就会根据自己的利益和方便做出判断。在这种情况下，经营判断就会出现错误，结果把好不容易拼命发展起来的企业搞垮了。

企业是一片小森林。怎样才能让住在企业森林中的员工生气勃勃呢？这是经营者必须思考的问题。如果居住在企业森林中的员工不活跃，企业就不可能繁荣。让包含员工在内的所有同人都幸福，让企业这片小森林成为秀美之林，经营者具备这种志向非常重要。

社会是一片更大的森林。其中有提供资本的股东，有提供零件和资材的供应商，有购买产品的客户，缺了其中任何一方，企业便不能成立。对企业而言，社会是一种循环系统，同时也是企业生存的基础。在社会森林的循环系统中，把利润返还给员工、股东、消费者、交易商等社会的构成者，以维持这个循环系统，是企业自身存续不可或缺的条件。

企业是在社会中与其他企业相互竞争、共同生存的。经营者必须懂得这种循环的原理，将企业作为循环中的一个要素发挥作用，培养在经济循环中共同生存的智慧。

**尊重多元价值观与慈善活动**

社会本来是由多元价值构成的，但是，明治以后的日本，把国家定位为最大的价值，通过富国和强军来强化国力，被放在了最优先的位置。而近半个世纪以来，除了军事实力优先于经济价值，其他价值似乎都从属于或追随于强化经济实力这一个价值。

不过，随着当今社会日趋成熟，除经济价值之外，文化价值的重要性日益显现。企业本身是围绕强化经济价值的目的而展开活动的，但在这个过程中，前文已提到，也要尊重人性，尊重社会的多元价值，使之与经济价值取得平衡，这点已经必不可缺。

比如，通过慈善以及对文化艺术的赞助，支援艺术、科学研究等对社会有意义的活动，并以企业公民的身份为当地社区做出贡献。这对企业在社会中共生是必要的，也是重要的。

当然，这么做的前提是企业必须有利润。企业应该在自己力所能及的范围内，将部分利润回馈社会，帮助社会、帮助世人，这是高尚的行为。

不仅企业如此，个人也一样，把自己的能力、时间和资产用来为社会服务，不但本人愉悦，而且社会意义也很大，值得赞扬。因此，企业支持员工自发开展义务劳动，意义也很大。西欧具备基督教的传统，公民的这种社会活动原本就是必不可少的。时至今日，这种个人自发组织的公益活动，依然受到重视和鼓励。

在日本，过去也并不是没有类似的传统。但是，要大力倡导这种个人和企业的公益性活动，日本目前的法律、雇佣惯例、养老金制度和税制等各种制度，在许多地方还有待完善。尤其是现在的税制，对于公共事业捐赠，采取的是原则禁止、例外许可的政策。

至少近代以来,日本从来就没有想要培育一种风气,即广泛认同并鼓励个人和企业的自发性公益行为。在日本近代史中,凡社会需要的事,都是政府(=公权力)的事,而个人和企业只要专注于自己的目的即可。这种分工体制形成的思维模式被固定了下来,以至于造成一种误解,好像个人和企业与公共目的是无关的,只要一味追求自己的利益就可以了。无论是企业还是社会,出现这种误解都是可悲的。

但是,今后再这样下去,在国际上恐怕就不行了。在世界上占据重要位置的日本、日本人以及日本企业,对人类社会的健康发展能够做出什么贡献?为和平、人权、贫穷和环境等全人类共同课题的解决,应该做些什么?这是我们面临的问题。日本要获得全世界的尊重,作为地球社会的公民,日本国民要树立良好的形象。为此,日本企业应该做的事情有很多。

还有,在文化艺术和科学研究等领域,重视独创性和个性,让人们的多种可能性展现出来。为此,与其过多依赖政府的政策,不如发挥各具特色的个人在各方面的积极性和首创精神。

我认为,慈善以及对文化艺术的赞助这类社会活动,应该建立在广泛的公民阶层从个人角度展开的各种活动的基础之上，企业作为其补充，这才是理想的状态。公民的活动搞活了，企业活动也就有了正确的定位。

## 在地球社会中共生

想过更富裕的生活，想吃更美味的食物，人类的这种利己之心，是近代社会发展的原动力。今天物质意义上的富裕社会，也是由人的这种利己之心造就的。然而，物质文明的高度发展，引发了今天的一系列生态和环境问题，达到了动摇人类生存基础的地步。

为了避免毁灭，正如前文所述，我们需要学习我们祖先的智慧，就是要懂得自然循环的原理，抑制奠定了文明发展基石的自身欲望的不断膨胀，抑制经济活动的无限扩张，与所有生物和谐共生。

企业可以赞助文艺、科学的公益活动，日本经团联㊀的百分之一俱乐部（one% club）等，企业的社会

---

㊀ 日本经济团体联合会（简称"经团联"、全名"社团法人日本经济团体连合会"，是与商工会议所、经济同友会并称的日本"经济三团体"之一，以东京证券交易所部分上市企业为中心构成。其会长被称作"财界总理"。"经团联"作为财界的核心团体，其主要任务是"凝聚经济界的总意志、动员经济界的总智慧、左右政府的内外政策、贯彻经济界的总要求"。——译者注

性活动可以帮助我们遏制经济活动无限扩张的欲望，有利于矫正当今利己主义盛行的社会风气。我相信，通过这些活动，日本企业将更富有人性，更能被世界接受。

人一旦抑制利己，心中的利他之心就会油然而生。克制利己、不断反省、保持谦虚、懂得知足，这些就是培育利他之心的根本。

以"只要自己赚钱就好"的利己之心观察事物，就会看不清前景。但秉持利他之心，视野就自然扩展，事物的本质就会呈现。当自己心中的利他之心扩展时，整片森林就会进入视野，万物共生的整个地球的全貌都会被纳入视野。

日本经济到任何时候都持续增长，这是不可能的。包括日本在内，发达国家的经济不可能在身边其他国家落后的情况下持续增长，而且这也是不可取的。已经巨型化的日本经济的增长，应该有意识地加以限制，我们必须这么思考。

发达国家的人口只占世界的20%，却消耗了世界80%的资源。如果发达国家一如既往，继续追求更快增长，必将消耗更多的资源。如果包括日本在内的发达国家今后继续消耗更多的地球资源，那么，留给发展中国家使用的资源就会越来越少。

发展中国家为了养活爆炸式增长的人口，同时为了尽可能接近发达国家的生活水平，正在推进工业化，资源的消耗也在增加。因此，要求发展的发展中国家正在期待获得更多的资源分配。发达国家应该考虑到这一点。

不能因为产业能力强，发达国家就可以随心所欲，垄断可利用的资源并无限度地消耗。发达国家应该积极摸索，如何运用自己的技术和知识，支援发展中国家的现代化；本国怎样做才能控制资源的消耗，不断减轻环境的负担，保持社会的富足。

给发展中国家分配更多的经济资源，为此，发达国家自我抑制。这应该是国际社会今后的行动基准，因为我们共生在地球这个有限的空间。

# 第 2 章

## 国民大众是主角
——我的社会观

# 1. 企业的职责

## 大企业应自制

最近几年的景气衰退,虽然给日本经济蒙上了阴影,但由于二战后经济持续增长,现在仍是主角的日本企业在国际上也成了巨霸。在钢铁、汽车、家电、金融等诸多领域,日本企业在不知不觉中已经位于世界顶级水平,拥有了规模竞争的优势。

二战后,由于财阀解体,日本企业都变成了中小企业。然而,通过自由竞争,企业间相互切磋(虽然也存在对特定行业的保护培育),给经济带来强劲的动力,缔造了今日日本的繁荣,并涌现出一批在世界上名声显赫的大企业。

企业在规模尚小之时,若要考虑自身的存续和发展,即使自己没有特别在意,其活动也要和民众的利益相一致。因为如果不这样,企业的存在本身就不被允许。

但是,某企业或企业群在巨型化、垄断化以后,其力量在某种情况下就会对社会造成破坏性影响。然而,巨型企业对此往往缺乏自觉,常常把力量只用在追逐自己集团的利益上。如果巨型企业在经营中缺失了"为了大众利益"这一出发点,那么这种巨型化、垄断化就绝不是值得倡导的事。

如今,企业内部巨型化的弊端已经受到指责,但今后,巨型化给社会带来的问题也将显现。巨型组织如果不能有意识地抑制自己的力量,在行动时不把民众利益放在眼里,结果就只能成为反民众的、反社会的存在。

哪怕是具有丰富常识和优秀人格的人物,一旦就任垄断企业的社长或其他要职,那颗炫耀实力、企图维护其垄断体制及既得权益之心就会启动。"为了大众利益"的出发点一下子就被抛到了九霄云外,一切判断都以对自己的组织是否有利为基准。

巨型企业都想进入本行业以外的其他领域。丰富的经营资源需要有效利用,或者在事业多元化的名义下,将事业向多领域扩张,这些都被视作理所当然的事。但是,这样的多元化果真能带来活力,这样的企业活动果真应该褒奖吗？这不也是不顾社会影响，只顾追求自身利益最大化的行为吗？

我认为，巨型企业不能毫无节制地进军新的领域。巨型企业在长期历史中累积的低成本的经营资源、知识、人脉、资金、土地等，新企业都无法利用。巨型企业以低成本的经营资源为武器，在新市场中和新进入的中小企业竞争，这不公平吧！如果这被轻易允许，中小企业和风险企业便无法开展新事业。巨型企业只考虑自身的利益，任意行动，就可能造成"巨木之下，寸草不生"的局面。

随着企业巨型化、垄断化的发展，巨型企业一个不经意的行为，就可能给社会、给世界经济带来很大影响。因此，巨型企业对于自己的行为带给周围的影响，要仔细考虑，慎重再慎重。只有健全的、公正的自由竞争正常展开，资本主义才能最有效地发挥其功能。为此，强者一方的自我抑制就非常必要。

这样的自我抑制，对于巩固自己的生存基础也是必须的。如果只考虑自身利益，炫耀自己的实力，采取与大众利益及社会发展背道而驰的行动，势必会起反作用，造成的事态会让自己的生存基础受到威胁。比如，经济泡沫破裂后，大型企业之所以萎靡，就是它们无视大众利益，过分相信自己的庞大，只谋求自身利益，搞简易的产品开发和投资所招致的结果。

## 自然界的教诲

资本主义以自由竞争原理为基础，但是这一原理要正常地发挥作用，需要每个经济主体特别是经济上的强者，适当地抑制自我。经济学的鼻祖之一亚当·斯密（Adam Smith）曾经说过："人在自己的心中必须设置一个旁观者，一个可以冷静地审视和批判自己行为的法官。"意思就是，不希望别人对自己做的事情，自己也不要对别人做，也就是"己所不欲，勿施于人"。

换句话说，每个人或者每个经济主体，内心如果没有确立自我抑制的原则，那么，自由、公平的社会就无法实现。市场中的巨头，则需要更严格地自律，用这一原则来要求自己。

把小企业做大的先人，他们的功绩值得大大赞赏。但接替他们的经营者，继续以同样的方式追求规模的扩张，还能算是好事吗？还要长得更大、更快，这么做即使对自己有利，但对大众来说，果真还是善的吗？我们必须扪心自问。我很担忧，经营者如果不经常思考这个问题，不进行应有的自我克制的话，日本经济的健康发展就会受到损害。

曾在美国航空界的自由化浪潮中代表美国的航空公司泛美航空破产了。美国政府没有采取任何挽救措施，美国国民也没有要求政府这样做。如果按日本的常识，巨型企业破产对社会的影响实在太大，是绝对不允许其破产的。如果真有巨型企业破产，估计媒体都会指责政府政策失当，而政府就会匆忙组织行业内部协商，或者动用国家援助资金来构建企业重振的机制。

然而，巨型企业破产，未必是坏事。

在自然界，无论看上去多么恒定安稳的森林，实际上里面的树木都处在盛衰更替之中。巨树不可能永远"君临天下"，寿命终结，就必然会倒下。正因为如此，以前未曾到达地表的阳光才能照射进来，新芽才能萌发，幼苗才能成长，小树才会成长为下一代的参天大树。

森林就这样重复着新陈代谢和世代更替，保持了看似残酷，实则充满活力、丰富多样的森林的本质。即使老企业的退场属于被迫无奈，但只要新企业登场后，大众的生活便能更加富足，并为社会注入新的能量,那么,就社会整体而言,是应该鼓掌欢迎的。

为了铲除巨型企业之弊和垄断之害,政府出台了《禁止垄断法》。但是,这项法律在日本并没有得到严格的执行。以前,在稳定行业秩序的名义下,制定了禁止垄断的政策,但其重点却放在了维持现存的秩序上。然而,到了经济社会已经成熟的今天,制定《禁止垄断法》原本的精神应该严格地贯彻实行。对这一时代要求,政府当局应该认真接受。

巨型企业不可因为自身强大而傲慢不逊,不应一味追求自己的利益。巨型企业,作为营造自由公平的竞争社会的一员,应该为国民大众的利益而行动。哪怕是巨型企业,也只有受到国民的欢迎,才有存在的价值。无视国民的利益,迟早会招致失败。

## 从封闭的企业社会到开放的企业社会

大企业产生了,以该企业为中心,在推进多元化的进程中,出现了封闭性系列,这样的情况很多。在日本,存在着这种系列企业合谋图利的社会体制。欧美国家将此称为"半卡特尔"。

美国商人来日本推销美国产品,日本企业很少购买。因为日本有一个默认的前提,就是尽量从同一系列的企业处购买。虽然这不是明文规定，但实际上是以某某集团的形式，或明或暗地构筑起卡特尔。既存企业相互庇护，排斥希望新加入的企业。实质上，这是在不正当地限制竞争。美国方面的批评大致就是这些内容。

我也有过这样的经历。京瓷创建后不久，还是小微企业时，那些大企业根本不把京瓷视为合作对象，不得已，我只能去美国开拓客户。另外，拿最近的日元升值为例，本来国内物价理应随之降低，但因为与国内系列厂家的交易优先，所以物价并没有下降。日元升值的利差，很难返还给消费者，这是一种不合理的经济结构。

这样看来，不能不说，美国方面的主张大体是正确的。问题是还不限于系列这一个弊端，在日本社会，还残留了许多封闭性的表现，妨碍着竞争的公平自由。

建筑行业的封闭性，只要看看最近的非法围标事件，就一目了然了。金融行业，实行大藏省⊖主导的护卫舰队方式，所有业务内容都受大藏省指导（管控）。一方面，即使经营破产的银行，也可以通过与其他银

---

⊖ 现财务省。——译者注

行的合并等手段，避免倒闭；另一方面，可能威胁到既存银行的新机构，想参与金融事业却不被允许。

另外，能源供应，历来多是区域垄断的，因此日本国民被迫支付高额电费。被吐槽为最落后的流通行业，效率低下的中小商业街因为《大店法》㊀等，受到特别保护；交通运输业同样如此，因为对新加入者严格限制的行政审批制度，让既存业者享受优惠。在政府主导下成立的各行业协会，其活动大多也是为了维持日本产业的封闭性。

日本这个封闭性的企业社会，主要着眼于维护既存大企业和生产者的既得权益，这对想新加入的企业，无论是国内企业还是海外企业，都是极为不利的。

确实，在这种互助会性质的企业社会里，因为彼此是熟人或朋友，所以经营稳定可靠。但是，这却会让身处其中的经营者视野变得狭窄，加上残留的横向看齐意识和依赖官僚的体质，独创性就难以发挥。尤其是景气衰退时，一味维护行业秩序，必然损害挑战新领域、唤起新消费的企业家精神。

---

㊀ 全称为《关于调整大型零售商店零售业务活动的法律》。——译者注

在开放型社会里，企业总是置身于残酷的竞争之中。为在竞争中取胜，企业就会积极地使用新材料，努力开发新的、更优质的产品。为此，只要是好东西企业就会买，即使这东西来自没有任何关系的公司。对于异质的东西，也会积极吸收，用于自身独创性的质的提升，从而开发个性化的产品。这种能够发挥独创性的企业，因为具备独自开拓新市场的能力，所以在经济萧条时会越发强大。

封闭型经济体系可以救助弱者，保护中小企业，所以是必要的。有经营者持这种看法，事实却相反。也就是说，封闭型经济体系，实际上不过是通过对中小企业进行支配，为大企业谋取利益的体系。㊀

无论什么时代，不管哪个行业，都有充满企业家精神的中小企业存在，对以大企业为核心的行业秩序，它们嗤之以鼻，敢于说不，勇于打破。但是，在这个封闭型企业社会里，在所谓"保护中小企业"的大义名分之下，受益的是不做任何努力的既存企业，有利于它们的订单分配序列已经确立，行业秩序不容

---

㊀ 大企业与中小企业之间的联盟，指的是处于从属关系下的大企业对中小企业行使支配力，主要分为分包联盟和流通联盟。——译者注

改变。这恰恰证明，该体系不是用来保护弱者的，它不过是在"救济弱者"的美名之下，让大企业稳坐江山的体系而已。

我认为，现在日本社会已经成熟，国民需求趋向多样化，为了使日本经济持续健康地发展，需要把企业社会变成一个开放型社会。只有在公平自由的竞争中获得国民支持的企业取得发展了，日本的经济社会才能生气勃勃。

改革日本的企业社会，使它成为一个开放型社会，这不单是为了消除贸易摩擦，也不单是为了增加国外企业的进口，更是为了日本企业社会自身的健康发展。

**通过信息公开实现公平经营**

无论多么自由的社会，也不能说企业可以拥有无限的自由。前文已经阐述过，企业的行为，应该自我抑制，以符合大众的利益。但是，仅仅如此还不足以构建健全的市场经济。为了让企业的行为从社会公平的角度来看也没有任何问题，企业经营就必须置于大众的监督之下，确保其透明性。

企业的强大力量，是否被用来为少数人的私心和利益服务？是否在维持行业秩序的名义下，做出违背时代潮流、有损大众利益的事？是否有与政府、政治相勾结的行为？在这几点上，社会性的牵制和监督是必要的。

一个公司有各种各样的事业部。如果公司的财务信息是以整个公司的合计数来呈现的，一般人就很难理解其真实内容。于是就要求分事业部尽可能详细地披露财务信息，这个叫作"分部门信息公示"，在欧美已经普遍化，并作为制度固定了下来，因为它对保护股东和投资者的利益十分有效。

但是，在日本，即使在对信息公示抱积极态度的企业之间，在有关分部门信息公示上，也存在意见分歧。反对的理由，用一句话来说，就是企业要保守秘密。也就是说，公开分部门信息就等于把企业的战略昭示天下，在竞争上陷入不利的境地，进而使股东的利益受损。不过，这里所说的股东利益，只限于现在的、狭义上的股东，而忽视了以后可能成为股东的、一般大众的利益。

尤其是大企业，其行为对社会影响极大，因而责任重大，但由于内部体系错综复杂，所以企业的运营状况外人很难了解。因此大企业应该率先垂范，顺应社会的要求，通过公开分部门的信息，让企业经营置于大众的监督之下。

我认为，分部门的信息公示在企业伦理上也很重要。民主主义社会只有一切都公平运营才有活力，因此，任何组织，规模越大就越应进行信息公示。为了维护公众利益，公正透明的运营必须有制度性保证。特别是构成资本主义经济根本的股份公司，必须积极公开公司信息，这才有利于构建一个健全的股票市场。

我相信，只有将信息的细枝末节全部公开，以至于任何人看来经营都是公平的，才能在真正意义上有利于普通股东、投资家和一般民众的利益。只有所有企业都尽可能公开信息，公正地开展企业经营时，日本经济才能健康发展，腐败现象才能从根本上杜绝。

## 独立自主的中小企业改变了日本

支撑"二战"后日本经济高速增长的是有着旺盛活力的中小企业。大企业是从中小企业中成长起来的，但其中也出现了与官关系密切、受官庇护，从而执业界牛耳的大企业，并不知从何时起，以这类大企业为核心的行业秩序便成形了。

剩下的中小企业的大半都成了大企业的分包商，失去了活力。我认为，只要这样的行业秩序得以维持，日本社会就不会有活力。前面也谈到，产业界也需要强大的动力，以保证新旧交替可以顺利进行。

为此，中小企业的经营者必须拥有正确判断事物的能力，必须更好地发挥企业家精神。现在，实质支撑日本经济的是中小企业。中小企业占企业总数99%，解决就业人口80%。只要中小企业能够焕发活力，从中不断冒出大发展的企业，日本就会成为充满生机的国家。

我接下来要谈的"盛和塾"，就是想为这样的中小企业助一臂之力。

大约10年前，1983年的春天，我接受了在京瓷总部所在地京都的年轻的中小企业经营者的请求，他们希望建立一个学习我的经营哲学和人生观的场所。以此为开端，成立了现在的盛和塾的前身——京都盛友塾。

我用自己的语言向充满热情的年轻经营者讲解"经营是什么""经营者应该怎样经营企业"。后来，日本各地都提出了同样的请求，分塾数量逐年递增。

1991年，基于100塾5000人的构想，我决定把盛和塾推广到全国。我是义务做盛和塾的，只要精力许可，我想尽量和更多的年轻经营者会面，把我的想法传达给他们。

我认为，相较于政治家、官员和学者，中小企业的经营者更伟大。为什么呢？因为即使自己一个人生存，尚要伴随诸多的艰辛，何况还要通过事业来养活员工及其家人呢！为此他们倾注心血于公司工作，无暇顾及自己。所以，让这样的经营者成长为更优秀的人，就是我的心愿。

无用赘言，组织的一把手要对组织负全责，所以能依靠的只有自己。特别是中小企业，经营者稍有懈怠，企业很快就会倾覆。我想与身负如此重责的中小企业的经营者一起，摸索做人的正确的思维方式。如果这样做能让员工及其家人幸福，同时，通过发展企业也能为区域社会做出贡献，那么日本就将成为越来越宜居的美好国家。

盛和塾并不教授具体的经营手法。塾生聚集一堂，围绕经营者的心态和为人之道等，我讲述自己的想法。结束后，大家团团围坐，推杯换盏，促膝交谈，议论风发。

我马不停蹄去各地盛和塾宣讲。每位塾生都是竭尽全力守护自己公司的经营者，所以对我的每一句话，他们都认真倾听。值得庆幸的是，几乎所有的塾生企业，都在现在的经济不景气中，取得了好成绩。进入盛和塾后，不可思议，塾生企业业绩上升的越来越多，这也让我备受鼓舞。

我准备把余生的一大半投入盛和塾的活动，为激活日本经济，贡献自己微薄的力量。

## 受大众欢迎的经营

我认为，企业在社会中的职责不必用复杂的理论做出解释，从事让客户满意、受大众欢迎的事业，就是企业应尽的责任。

大约10年前[一]，我创建了DDI。1993年3月结算时，销售额为2307亿日元，税前利润240亿日元。1994年3月，销售额达到2400亿日元，税前利润190亿日元。并且，在1993年上市的证券市场上，DDI的市场估值已超1.5万亿日元，获得了很高的评价。

---

[一] 指1984年。——译者注

DDI 1997 年 3 月的结算如下：

|  | 母公司 | 合并 |
| --- | --- | --- |
| 销售额 | 5 578 亿日元 | 10 163 亿日元 |
| 税前利润 | 677 亿日元 | 213 亿日元 |

之所以如此成功，我认为原因就在于一心追求降低日本长途电话收费、"为民众做贡献"这一单纯的理念。至于基于何种判断基准，敢于进军电信行业，第 3 章将详述。不过，在成立公司当初，阻力相当大。

以我为首，DDI 创业团队的大部分成员都是对电信事业一窍不通的外行。"向巨无霸 NTT 挑战，荒诞至极！"几乎所有的媒体和经济评论家都对 DDI 持否定态度，他们异口同声，断言我们根本不可能成功。

的确，在日本的产业社会，有资格参加国家级项目工程的，都是以财阀系企业为中心的大企业联盟，这是常识。而且，存在非如此不可的行业秩序。

但是，即使大企业联盟介入电信事业，派生出来的也只能是"NTT"第二。而要求这样的企业大幅提升经营效率，尽量降低国民长途通话收费，是做不到的。既然如此，即使是技术生手，但只要发心纯粹，立志提供廉价长途通话系统的企业,哪怕只出现一家,就可以催生出真正的竞争,费用就会下降。这么一想,我就创建了DDI。

当然,我们遭遇了各种各样的困难,包括技术问题、与政府的交涉等。但是,一心只为国民大众,我抱着这种初心,倾注了全部的心血。出于"为国民大众好"的想法,抱着纯粹到了极致的动机一路走来。我想,这就是我成功的主要原因。

我想把这样的理念从日本扩展到全世界。

1993年,我决定加入由美国摩托罗拉公司提出的"铱星计划"。所谓"铱星计划",就是向地球低轨道发射66颗卫星,并将其作为中转站,让人们在世界任何地方都能使用可装进口袋的便携式电话通话。以摩托罗拉和京瓷、DDI为主,准备于1998年开始运作。

参与"铱星计划"必须跨越的障碍很多,承担的风险也很大。但是这一计划能给世界人民带来很大的好处,特别是生活在非洲、东欧、拉丁美洲和中东地区的人们,他们的通信设施很差,不能自由地拨打长途电话,所以他们一定会欢迎。正是考虑到这一点,我才决定参与"铱星计划"。

无意中讲到了我自己企业的例子，旨在说明，所谓成功企业，都具备一种经营理念：不管多么艰苦，也要为客户和国民大众做出贡献。乍看也许单纯至极，但企业的职责就是要让国民大众满意。只有具备这样的理念，事业才有意义。无论开发了多么优秀的技术，无论制定了多么缜密的战略，如果缺乏这样的经营理念，事业就不会成功。

## 2. 政府的职责

### 通过行革审所了解到的

我一直走的是技术者加经营者的道路，对于政治和行政，则是一个十足的门外汉。

但1990年年末，当时担任"临时行政改革推进审议会"（简称"行革审"），即第三次行革审会长、三菱化学会长的铃木永二先生，突然发出邀请，希望我出任行革审中"世界中之日本"分会的会长。

当时，我经营京瓷和DDI等企业，工作极为繁忙。但我是在日本这个国家开展事业的，而且很幸运，获得了某种成功，我本来就想，自己应该干些什么来回报这个国家。所以接到邀请后，经过认真思考，决定接受。虽然我是外行，但我想我可以尽力而为。

第三次行革审，最初两年左右是由三个分会组成的，即由细川前总理担任分会长的"丰富生活"分会，原最高法官角田礼次郎先生担任分会长的"公正透明的行政手续"分会，以及我负责的"世界中之日本"分会。

"世界中之日本"分会，围绕日本外交政策的基本理念、政府开发援助、地球环境保护等方面政府应该采取的方针，提出建议并加以归纳。同时，在"创建外国人技能实习制度、延长护照及驾照的期限、废除每6个月一次的车检，以及政府文书统一成A4大小"等事项上提出方案，并具体落实。这些举措对国民都是有益的。

[参考]

第三次临时行政改革推进审议会"世界中之日本"分会概括的"外交政策的基本理念"：

立足于我国的历史，对过去行为应该反省的，必须诚恳反省。与此同时，必须确定广大国民能够共有的、能引起世界各国共鸣并获得他们认可的、我国外交政策的基本理念，并据此采取行动。

在确立基本理念时,最应被尊重的是《日本国宪法》序言的精神。宪法序言所说的民主主义、和平主义以及国际协调主义原则,表明了在当下的国际社会中,其意义愈加重大,抛开当初制定宪法的历史背景,即使在今后,这些原则也是我们应该尊重的。

在执行日本的外交政策之时,必须弘扬《日本国宪法》(以下简称《宪法》)序言的精神,并根据新的世界形势和日本当今所处的立场,加入新的理念。

(1) 国际社会应有的状态

我们追求的国际社会的状态是什么?

国际社会应该是这样的:

- 保障和平和安全。
- 尊重自由、平等和民主主义。
- 在开放的市场经济体制下,世界经济繁荣昌盛。
- 确保世界各国人民都能过上像样的体面生活。
- 尊重多样的价值观、多样的文化,以及科学技术等知识性创造活动。

(2) 日本应该承担的职责

为了让这样的国际社会变成现实,日本必须做出积极的贡献。具体来说,

- 为缓和紧张的国际关系,解决区域纷争,强化联合国职能,以及实现其他方面的国际和平,做出贡献。
- 积极参与国际社会秩序的构建和运行,如强化经济间的相互依存关系,推进国际经济政策的协调等。

- 通过强化自由贸易体制,支援促进市场经济的改革,为市场经济的实施做出贡献。
- 支援各国的民主化改革,积极致力于人权问题的解决。
- 为解决地球环境、人口、能源、毒品等人类共同面临的问题做出贡献。
- 通过文化交流等,巩固国际协调精神。
- 为人类共同的财产——"科学技术的发展"做出贡献。

### (3) 外交政策的基本理念

- 自由与民主主义。
- 和平主义。
- 国际协调主义。
- 对人类的贡献。

**自由与民主主义**

自由民主的社会,是一个对任何人都宽容、对任何人都开放,只要有能力和热情任何人都可以参与的社会;同时,它也是一个依据公平的规则,实现社会正义、促进每个人自立的社会。

自由和民主主义,是必须在每天的行动中都贯彻的理念。从这个意义上说,自由与民主主义这个全人类普遍适用的原理,首先必须在日本社会中彻底贯彻。

只有加深了这种认识,自由与民主主义作为日本外交政策的理念,才真正具有了意义。

**和平主义**

《宪法》序言中提道:"祈愿永久的和平,……确保全世界人民都拥有免受恐惧和贫穷、在和平中生存的权利。"宪法中的和平主义，指的并非只要日本和平、不卷入战争就好的一国和平主义，而是为了维持世界和平、创造世界和平，对国际社会施加积极影响的和平主义。

为了实现这样的和平主义，日本要付出顽强的、不屈不挠的努力。我们必须认识到这一点。因此，当和平遭到破坏时，我们要在宪法许可的范围内，最大限度地协助国际社会恢复和平。

**国际协调主义**

《宪法》序言中说："任何国家都不可只关注自己国家的事情而无视他国。""我们希望在国际社会中获得好名声。"只有当每一位国民都认识到日本的生存离不开国际社会时，国际协调主义才能实现。

从行政的观点来说，日本国内行政的每一项举措，都会受到国际社会的关注。在这一认识的基础之上，我们必须确保行政的公正、透明，从国际社会的观点来看也能解释得通。日本不应该以国内的特殊情况为借口，提出不符合国际规则的主张。

同时，日本是在国际社会中生存的。基于这一认识，更重要的是，现在我们对于世界就要依据博爱、人类爱，采取协调行动。日本之所以能够从二战的废墟中重新崛起，实现今天的繁荣，极大的因素是国际协调下战后秩序的相对稳定，以及世界人民的支持协助。我们必须认识到这一点。

在成功构筑了经济繁荣的现在，日本立足于博爱和人类爱的精神，哪怕牺牲自我，也要运用经济实力等日本持有的能力，为世界做出贡献，这是理所当然的。自古以来，日本人就有为社会、为世人做贡献的精神，这一点我们应该铭记。

**对人类的贡献**

我们要更进一步完善宪法的理念，必须为提出并解决制定宪法时尚未考虑的种种人类共同的问题贡献力量。比如，地球环境问题，人口问题，能源问题的解决，科学技术以及学术、文化的发展，对全球多样性的尊重等，积极为人类做出贡献。

该分会于 1992 年 6 月结束工作。接着，进入行革审后半段的工作，组建了"垂直行政之矫正"课题组和"政府职责再探讨"课题组。

我再次接受铃木会长的委托，担任了"政府职责再探讨"课题组的负责人，一直工作到 1993 年 10 月第三次行革审结束为止。

在后半期，我主要负责政府事业和特殊法人的重新评估。但正当我们汇总的咨询意见准备出炉时，总选举开始了。为此，我们受到了来自政府部门以及所谓"族议员"㊀的强大压力，咨询意见的汇总非常艰难。

这样，历时三载，与官员们一起工作。过去，我对日本的行政体系不甚明了，现在总算看清了其中若干真相。对于这次宝贵的学习机会，我由衷地感谢。

---

㊀ 在日语中，"族"一般有四种含义：同宗、同一思想、同类、世袭的身份。无论哪种，它们强调的都是"相同"。"族议员"则是社会上的人们或舆论界对同一类型的议员的一种约定俗成的称谓。——译者注

刚开始行革审的工作时，最早感到的疑问是行革审本身的定位。

行革审的成员要阅读大量的资料，听取各界有识之士和官员的意见，然后提出有关新制度的提案。但是，汇总咨询意见并在内阁会议上取得认可之前，必须与各相关部委达成共识。在这里，就不能不一点点地做出让步，寻找一个"妥协点"。这就是乍看万能的行革审之实态。如果是媒体的话，就会打出"后退再后退"的标题，但这却是想改也改不了的流程。

总之，这个流程反反复复，最后将咨询意见提交给首相，经内阁会议通过，给出"予以最大限度的尊重"的结论。这便是行革审一连串的作业流程。

然而，尽管内阁会议决定"予以最大限度的尊重"，但实际上，咨询意见多数被束之高阁，没有落实。如果咨询意见没有实行的保证，那么行革审的同事们再绞尽脑汁也是枉费心血，最终毫无意义。在现行的政治体系中，行革审占据什么地位、有什么权限、能做到哪一步，实际上都没有明确。

回顾这三年我感觉到，行革审的运作方式本身就不合理，因为它的前提是必须与官员协调。本来行政改革应该是掌管立法机关的国会议员凭借自身的见识和良知进行的，如果这么做，完全没有必要与政府部门做无益的交涉和妥协，根本性的改革就能够顺利推进。

另外，还有一个问题。

行革审审议会的大部分时间都花在了听取各部委的意见上。但是，在听取过程中，官员们在说明自己所属部委的情况时，有一句口头禅："没有任何问题，一切顺畅。"对于这句套话，一位行革审的成员听了很生气，他讽刺说："这好比病人叫来了医生，却说自己什么毛病也没有。"

在和官员打交道的过程中，我明白了一件事，"果然如此"就是说，在官僚的世界里，犯错可以，但认错是禁忌。其中，有关自己部委的政策，包括过去的东西在内，绝不能承认有什么过错。本来，不隐瞒错误、公开承认、认真反思才能进步，这是我们在孩童时代就接受的教育，但是，这样的常识在官僚的世界里却是行不通的。

如果没有应该反省之处，那就等于说他们构建的社会秩序和行业秩序都是最好的，当然任何改革都是多余的。但是，时代在急剧变化，即使过去是正确的东西，也需要重新审视，这样的时代已经到来。

但更让我吃惊的是官僚们实质上的言论管制。

行革审是非公开的，目的是成员们可以畅所欲言。尽管如此，但当我在审议会上批评了某个部委后，不知为什么，第二天一早该部委的人就打来电话说："先生，您好像误解了，所以我来解释一下。"并且，在对"该部委的政策没有任何问题"进行说明时絮絮叨叨，不说到我认可，他们绝不会停止。

这样的情况重复多次以后，行革审的成员中就有人不愿发言了。立场不同，意见也不同，这本是理所当然的事。在相互尊重对方立场的基础上，堂堂正正地展开辩论，这才是民主主义的规则，但在官僚世界里，连这一点也做不到。

大家常说的所谓"官家用语"，我也感觉到了。比如，官员口中的"我们研究研究"，意思与"什么也不做"是同义词。

最能表达官僚口吻的一句话是："这个嘛，虽然不错，不过嘛……"这句话的弦外之音是，总体赞成，但具体到自己部门时，则另当别论；或者，大道理不错，但因为得不到大家的认可，所以行不通；等等。这是把真心话和场面话分开使用时，用到的一句话。官员们频繁地使用这句话，我们听多了，不知不觉中也会说"果然如此，那也是没办法的事"，无意中被说服了。

"虽然……不过……"这句话背后隐藏着多种含义。比如，官员们缺乏"排除万难也要贯彻到底"的信念和哲学；又如，倾注力量，调整与有关人员的关系，以便最大限度地保护自己的利益；再如，政府部门以外的人的意见，也要听听，但其中大多数当耳边风就行了。以上情况，我都了解到了。

同这些官员讨论问题或者发生争论，让我意识到，虽然我们同为日本人，同样生活在民主主义的社会里，却有某种根本性的不同。斗胆说，那就是人生观的不同。

这一点暂且不论。通过行革审，我也有幸结识了很多官员。确实，一旦代表组织开口说话，他们那种僵硬、顽固不化，有时会惊得我目瞪口呆。但是，作为个人，当我和他们个别交谈时，他们都非常认真，颇有见识，其中人格优秀者也不在少数，经常给我许多有益的启示。我想，如果不把官僚阶层看作一个组织，而是看作个人集合体的话，那无疑是一个人才宝库。

## 行政须为民

日本在明治维新以后,以欧美为师,建立了近代国家。为此,作为效率最高的方法,实施了强有力的中央集权制。接着就运用这个体制,一心一意地谋求发展。而该体制的核心,就是有能力、有作为的官僚组织。

在二战战败以后,日本的政治、经济制度实行了重大改革,制定了新宪法,解散了军阀、财阀。然而,对于官僚制度,却只进行了部分修正,基本上被保留了下来。

毋庸置疑,这一强有力的中央集权的官僚组织,是让遭受毁灭性打击的日本经济恢复元气、达到今日巨大规模的原动力之一。但是,与此同时,这个官僚组织也背负了构建并维护封闭型经济体制的责任,这种体制一直受到外国的诟病,这也是事实。

日本的官员似乎有一种自负,他们以为,是自己建立并守护着日本这个国家,考虑国家大事的人,除自己之外,别无他人,也不应该有他人。所以在他们看来,民对官的行动说三道四,是不能允许的。

这样的话,就不单单是中央集权的问题了,而是政府成为属于官的、由官主导的、为官服务的政府了。这就是所谓"官主主义",即官本位主义,这与欧美的民主主义完全不同。日本新宪法中倡导的"主权在民"实际上消失了,不知去了何处。

但是,这种强有力的"官本位"性质的中央集权制,迄今为止,从不容忍批评者的存在,一心只想维护其垄断地位。而这么做的结果,就失去了自我变革能力,造成了制度性疲劳,被急速变化的现代社会抛在了后头。在日本已经成为世界第二大经济大国的今天,这种机制本来的目的已经达成,可以寿终正寝了。

民间企业,特别是在经济萧条时期,都在为组织的存亡奋起战斗。经营者彻底精简组织机构,以提高工作效率和生产率。但是,依靠国民缴纳的税金运营的官僚组织,尽管国家财政一塌糊涂,但就如帕金森定律⊖那样,它们反而越来越强大。

本来,行政制度和官僚机构是为国民的幸福而存在的,是为构筑更宜于大众生活的国家而设立的,所

---

⊖ 帕金森定律(Parkinson's Law)源于英国著名历史学家诺斯古德·帕金森《帕金森定律》一书的标题。它是官僚主义或官僚主义现象的一种别称,也可称之为"官场病""组织麻痹病"或"大企业病"。帕金森认为:在行政管理中,行政机构会像金字塔一样不断增多,行政人员会不断膨胀,每个人都很忙,但组织效率越来越低下。这条定律又被称为"金字塔上升"现象。——译者注

以宪法中才规定了"主权在民"。现在需要的，不就是要回归这个基本点吗？为此，首先要从"是否真正对国民有益"这一观点出发，从根本上审视日趋臃肿的行政组织，彻底精简机构。必须摆脱"官本位"，构建真正的民主主义国家，这才是民之所望，也是国际社会所期盼的。

### 省厅利益优先的官僚体系㊀

我成功开发了电气性能卓越的新型陶瓷，并在27岁时利用这项技术创办了京瓷公司。随着电子产业特别是半导体产业的迅猛发展，作为技术型经营者，我一路走到了今天。

在这个过程中，可以说我们与政府部门几乎毫无关系。精密陶瓷技术是一个全新的领域，与官方的保护政策没有关系，在我的意识中，也没有官僚组织这一概念。京瓷只顾按照客户的需求，集中全力于技术开发，并由此在激烈的国际竞争中生存发展。在任何

---

㊀ 日本的行政机关大体分为"1府11省2厅"。1府指的是内阁府，11省分别是总务省、法务省、财务省、厚生劳动省、外务省、农林水产省、文部科学省、国土交通省、经济产业省、防卫省和环境省；2厅指的是复兴厅和警察厅。——译者注

意义上，我们都与权力、垄断或卡特尔行为无缘，我们只能依靠自己产品的竞争力，以及制造这些产品的我们自己的心。

然而，围绕DDI的成立，我们开始与政府管制的行业发生了关系。政府管制的内容既多又繁杂，令人吃惊。许多管制政策不是为了国民的利益，而是为了维护各省厅的权益，或者是为官员自己明哲保身所需。

日本的行政机构，在内阁府下面，有各个省；在各省下面，有各个局，分别守着各自管辖的事项，把持着权限和预算不放。在各省厅，纵向分割的本位主义严重，甚至到了"有局无省、有省无国"的地步。各省厅的利益与所管辖事项的审批权限直接挂钩，所以要放松管制，减少不必要的审批，官僚们缺乏内在的动机。

在这个官僚系统中，大家看重的是所谓"意见一致"，不允许个人有独立的见解。政策草案由下面提出，自下而上，到达上层。在这过程中，各层的上级领导都保持沉默。这等于说，领导不发挥领导力，反而能让这个体系更易于运转。而且，政策的提出者和实行者，主要是40多岁的课长助理或课长级别的人。这些人真的能代表国家的长远利益吗？我实在很怀疑。

国家，于普通人而言，是非实体的、模糊笼统的东西，但它却很具权威，给国民发布各种命令，实行各种强制措施。然而，实际上，制定法律、给出自以为适当的解释、然后向国民发号施令的那些人，仔细观察的话，他们不过是和自己的孩子年龄相仿的年轻人。他们或许头脑聪明，毕业于东京大学，通过了国家公务员考试，但是，这些人从小就被作为精英培养，没有体验过任何挫折。比起历经磨难、拼命奋斗的人，他们在所有方面都十分优秀吗？当然，要保证他们不犯任何错误，也是不现实的。

在官员的生涯中，贯穿着行政上的纵向分割、省厅内部保持一致的体系，以及自下而上的运作方式。即使从政府机关退休后，他们的晚辈也会安排他们到某个相关单位体面地任职。并且，这种做法是顺次流转、代代相传的。所以，如果不与包括前辈在内的众人保持一致，自己的位子就坐不安稳。因为这个缘由，政界、产业界、媒体界沆瀣一气，竭力维护这个省厅利益优先的体系。

世界形势正在不断变化，要求日本采取更加灵活、更加明确的对外政策；在日本国内，国民的需求日渐多样化，要求有站在新视角的、综合性的政策。面对内外环境的巨变，建立一个什么样的新日本，这个问题已经摆在我们面前。

但是，在纵向分割的行政体系下，推行无视国民立场、省局利益优先的政策是理所当然的，制定的法律也不过是省厅之间权限争夺妥协的产物，行政管理也往往照顾特定行业的利益。即使是有良知的官员真心为国民利益着想，下决心出台综合性的政策，但为了协调各方的意见需要耗费大量时间，往往错失了时机。

看看海湾战争时、日本金融业和建筑界丑闻发生时各省厅的对策，再看看这次应对经济不景气对策中各省厅的做法，就可以知道，一如既往，唯有省厅利益优先。不改变现在纵向分割的行政体制，新日本何以构建呢？

## 相信民众是施政之本

泡沫经济崩溃之前的一个时期，日本响起一种声音："美国已经没有什么可供我们学习的了。"我认为，这纯粹是自高自大、自鸣得意。至少，美国民间活力之旺盛，就非日本所能比拟。

比如，美国从1978年起放宽对航空业的管制，给航空体系带来了巨大变革，特别是远程运费降低了。另外，随着计算机系统的改善，多种多样的机票打折成为可能，符合乘客需求的各种各样的服务应运而生。

其结果是，在放宽管制后的10年间，美国国内的航空乘客增加了60%，航线也重新合理编制。现在，掏原价购票旅行的人，只占全部旅客的约5%。所以，从整体来看，美国国民享受着在管制下的日本国民远远比不上的低价航空服务。美国选择的道路，不是通过管制来保护老企业的权益，而是相信国民，让航空市场自行焕发活力。

当然，在自由化中应对不当而失败的航空公司，就会破产或被兼并。日本交通运输部所担心的安全性将受到损害的情况并未发生。不仅如此，有报告显示，1978～1983年的航空事故比之前减少了一半。

在日本，由于交通运输部对机票价格的管制，东京飞冲绳的费用甚至比日本飞海外的还贵。这种反常的情况屡见不鲜。对于这个事实，日本国民大惑不解，这样的价格体系，对外也无法解释。

政府的说辞是，如果企业设立过多会造成混乱，将导致大家一起完蛋；或是说，根本没有那么大的市场需求。政府如此杞人忧天，本身就很可笑。企业成功还是破产，完全是经营者自己的责任，自己行为结出的果实，只能自己摘取。政府不应该先入为主，说什么"那不合算，会亏损""市场根本没有那么大的需求"等。哪家企业在做什么业务，这种信息只要如实公布，国民自会从中做出明智的选择。

自由经济体系的基点是相信市场自由竞争的结果，市场经济的原则是自我责任制。冒险尝试一旦失败，自己承受损失，自行撤退。在这过程中，符合国民需求的企业会生存下来，不断发展，这就是所谓自由经济。

不相信国民，不允许失败，凡被政府认可的企业，就必须让它们存续，这就否定了市场经济的优越性。这种做法，或许索性称作"统制经济"为好。

这种"统制经济"的象征，就是依据管制政策，对特定行业采取"护送舰队"的保护方式。大藏省[一]对金融界的成本控制，就是一个典型。这种体系让成本

---

[一] 2001年改制为财务省和金融厅（主要负责银行监管）。——译者注

最高的企业也能存续，因此这种体系就给成本不高的企业带来了超额利润。

这个超额利润实际是由国民支付的，而且该方式与行业的既得权益成为一体，共同维持现状，扼杀创新，限制企业的行动，不许扰乱既存的市场秩序。换句话说，它竭力制造一种环境，让孕育新价值、富于创造性的企业难以发育成长。

但是，这也不能一味地指责官僚机构。尽管官不信民，但一部分民甘愿信官，甚至取媚于官，与官苟合。比如，在建筑行业，采用围标方式，与官结成卡特尔式利益共同体，民借官威，牺牲国民利益，吸食民脂民膏，就是一例。

中央机关的课长和局长来地方出差，大抵是豪华旅行。当地政府和商界，从迎送车辆的安排、午餐、晚宴、二次会㊀，到土特产的准备等，一条龙服务，无须吩咐，迎者习以为常、主动为之的居多，但也有来者公然要求的。好一幅互相依存的画面，不过，其花销都由纳税的国民买单。

---

㊀ 一般日本公司里聚会，第一次都是全部人员在一起聚。散了后，有人会提议再去喝一点，是自由参加，这时候就被称为"二次会"。如果喝得不够尽兴，甚至会有"三次会""四次会"。——译者注

媒体也有问题。当企业因市场竞争而破产时，媒体就会追究政府当局的责任，认为它们监管和指导不够。这不是煽动当局加强管制吗？有管制的地方就会滋生特权，而特权是腐败的温床。所有这些社会成本，一概以税收的形式或以强制抬高物价的方式，转嫁到国民头上。

如此想来，或许会得出日本人整体素质低下这种结论。然而，我不这么想。至少，日本的教育水平是世界一流的，与欧美发达国家相比，日本人并不逊色。

在处于时代转折点的今天，旧式行政体系的弊端日趋显著，重大问题频频发生。但是，这并不表明我们日本国民已经不值得信任了。相反，问题多半是由"官不信民"造成的。当然，我也不认为民是完美无缺的。然而，如果官信民，将所有的信息公之于众，那么当下的一系列丑闻和经济萧条也不至于严重到现在这种地步。

现今的日本社会，官不信民，民自然也不信官。只要这种互不信任的情况存在，日本就无法做出适当的改革，以应对面临的国内外环境的变化。并且，我们所期盼的真正让人感受到富足、充满活力的新日本，也不可能建设起来。

我认为，官应该回到"为国民的幸福而存在"这一为政的原点，应该相信国民。做到这一点，民也会信官、配合官。为了建设新日本，最重要的是，政府要相信国民。

## 3. 创造真正的自由社会

### 管制社会的历史与背景

回看历史，日本首个真正意义上的法典，是公元701年制定的"大宝律令"。该律令的原本已经失传，但据研究，所谓"律"，相当于现在的刑法，有6卷；所谓"令"，多达11卷，相当于现在的行政法和用来维护社会秩序的规定等。由此可见，早在大约1300年前，就已经有了许多用来统治人民的规制。

看来从那时起，日本就已经形成了实则上以天皇为中心的国家。但是，虽说以天皇为中心，天皇基本上不直接参与行政管理，国家运营的实际事务，由代表天皇的太政官和其他官员担任。

这样的政治形态，营造了人们尊称官员为"大人"的风气。而这种"大人"意识，残留至今。

明治维新推行"王政复古"的过程，也是从幕藩体制回归太政官体制的过程。当然，它经历了近代化的洗礼，但它再度确立了中央集权的官僚制度。这个时代日本的国家目标是"追赶并超越西方发达国家"。为此，在推进相关政策的官僚机构中，集中了全国的人才、知识和资源，形成了强大的力量。

后来，日本在二战中败北，标志着以天皇为中心的政治体制的终结。在颁布的新宪法中，宣告了民主主义的基本原理，即主权在民。

从那时起，官失去了以往的主人身份，成为民的仆人，也就是服务于民的公仆（public servant）。

当时，我还是旧制中学的学生。一直被尊为"大人"的国家公务员，忽然变成了为自己服务的公仆，当被告知这一条时，我大吃一惊。这情景，我至今记忆犹新。

这样，在制度上，官的地位自然发生了巨大变化。

但是，官并未安于新的角色。加上为了重建战后一片废墟的国土，同时也为了稳定混乱的社会秩序，需要强有力的官僚组织，因此，不知从何时起，他们又摇身变成了"大人"，官还是统治着民。

官以维持社会秩序、更高效地管理国民为名，不断扩大管制网，行使行政审批大权。土光临调㊀以来，一边宣布要放宽管制，另一边又不断增加管制项目，管制项目居然超过了一万项。

在这里，信任国民、努力提高国民生活水平的理想、为主权者的国民做奉献的公仆意识，几乎完全找不着了。

在官看来，民从一到十，事无巨细，都必须监视、指导或照看。他们认为，给民自由，民就会乱来。官对民抱有不信任感，"民可使由之，不可使知之"，这一套现在依然盛行。

看看交通运输部对公共交通机关和航空业的管制就会明白，企业自己不能决定票价。因公司不同，成本也不同，乘客要求的服务品质当然也不一样，所以，在运价方面，应该更多地让企业自己斟酌决定。

邮政事业厅㊁的电信政策亦然。电信本来就不属于国家，而属于国民，但实际上却成了政府部门的囊

---

㊀ 土光敏夫就任会长的第二次临时行政调查会。——译者注
㊁ 日本邮政事业厅（总务省），废止于2003年4月1日，职权移交至以国家专管的部门和国家专管管理部门为特殊法人的日本邮政公社。——译者注

中物。为什么不允许 FM（调频广播）和 CAVT（电缆电视）自由开业？对那些希望开业的人，为什么只强调要对技术条件和资金条件进行基础性审查，而不赋予相应的权利呢？

对金融业的严格管制也是如此。无视消费者需求的行政管制，让日本国民被迫接受比美国国民更多的不便。最近，银行利率的设定多少有了一点自由，但为什么几乎所有银行的窗口下午3点就关闭，ATM机不能深夜使用？周六、周日为什么不能办理存取业务？消费者提出的简单疑问，政府应该做出回应。

因为政府不必要的干预而牺牲的，最终还是国民利益。正如人们所说的，日本"国"或许是富了，但日本"人"却并没有富。日本已经成了由官主导的、轻视国民生活之国。

## 消除内外差价，丰富国民生活

在二战后的废墟中，日本作为经济上的弱者起步。当时，以美国为首的几乎所有发达国家都向日本敞开市场，欢迎日本产品进入。以"贸易立国"的日本，与世界市场共同成长，成为当今世界第二大经济大国。

已经如此强大、富足的国家，有必要害怕进口而保护国内产业，害怕国外厂家而保护日本厂家吗？对外国强调日本情况特殊的各种论调，我不赞成。我认为，日本作为世界经济大国，应该开放市场，堂堂正正地进行竞争。否则，就不能指望其他国家对日本继续开放市场。而且，真正具有竞争力的企业，也不可能在日本发展壮大。

进一步说，以统一的规则无差别地管制国民，让大家只能朝向同一目标，这种体质和机制也应该改变。日本已成为经济强国，这本身就令外国恐惧。

1985年《广场协议》的签订，引发了日元升值的趋势。从那之后到现在，日元兑美元的汇率涨了2倍多。日元升值给日本带来两方面的影响：一是出口产品失去价格竞争力；二是进口产品价格下降，给消费者的生活带来了好处。

为了克服日元升值的不利影响，出口企业拼命努力，想方设法渡过难关。但是，由于日元升值，尽管以美元计算，日本人的生活在世界上已算是高水平，但一般百姓的感觉远非如此。原因是官方的政策不对，日元升值的好处没有反馈到国民。

日本国内外价格差距之大，清楚地表明了这一点。世界普遍认为，日本是自由贸易体系最大的受益者，但日本存在内外价差本身，不是正好证明了国内的经济体系多么扭曲，经济政策多么可笑吗？

经济企划厅1993年的"物价报告"显示，日元升值10%，每年就可以给消费者带来约3万亿日元的差额利益。1993年日元升值20%，如果日本的市场机制正常发挥作用的话，就应有约6万亿日元的差额利益返还国民，使国民生活相应提高。

但是，只见内外价差继续扩大，国民却没得到好处。据某项民间调查，1993年6月，日本47种食品和日用品的零售价，平均比美国高出44%。

在出国旅游者年逾1000万人的今天，日本的物价远远高于邻国和欧美国家，对于这一事实，日本国民强烈不满。

产生这种内外价差、造成日本市场扭曲的主要原因，在于政府的不必要的管制。我认为，只要彻底放宽管制，促使日本真正成为发挥市场机制的社会，那么，不用几年，内外价差就将趋近于零。只有到这时，日本人才能真正享受到世界上最富裕的生活。

## 放宽管制，放手于民

我并非全盘否定过去的政策。在二战后的废墟中，带来日本奇迹般复兴的，无非国民的不懈努力，以及支持这种努力的国家的政策。但是，日本现在的状况，同当初制定政策时，已经截然不同了。当时，日本只有势单力薄的中小企业，但现在已有为数不少的日本巨型企业活跃在世界的经济舞台上。环境既然发生了如此巨大的变化，那么今后的政策就必须基于与以往不同的全新思维：不是管着国民，而是放手于民，政府必须具备这样的姿态。

拿计算机产业为例。在"赶超欧美计算机厂商"的呼声中，1957年，日本出台了《电子工业振兴临时措施法》。作为国策，扶植培育国内厂家，使之能与世界一流企业展开竞争。这一政策在当时确实是有效的。

然而，自那以后，技术革新持续突飞猛进，在美国，苹果、康柏、太阳微系统等许多新兴企业相继诞生，其在独创性技术的基础上，不断推出消费者喜爱的新产品。可是，这样的新兴企业在日本却一家也没有出现，这是为什么呢？

确实，日本的行政体系适合"追赶"，却不适合新兴产业的创造。在"扶植培育产业"这一政策下，当该产业成长到一定程度时，政、官、民就会开始勾结。接着，"维护业界秩序""保护既得权益"便成为政策的目的。这样的话，勇于挑战既存企业的中小企业以及风险企业怎么能发展壮大呢？

我已经重复多次了，官不信民，一旦自由放任，经济势必一团糟，这是官持有的对民难以根除的不信任感所致的。但是，以往官主导的政策，使命已经终结。要摆脱长期萧条的局面，就必须给经济注入活力。为此，官要信民，要放手让民去闯。这样的话，即使撒手不管，充满企业家精神的企业也会不断涌现。

考虑到现在世界的环境问题、南北问题⊖、能源问题，以及日本社会的成熟度，我认为，对日本"大量生产、大量消费型"经济的发展，今后不得不加以抑制，至少不应该再抱有过高的期待。以经济会永远发

---

⊖ 南北问题，从地区概念上讲，是指位于南半球的发展中国家和位于北半球的发达国家之间的问题；从经济概念上讲，是指发达国家和发展中国家之间经济发展不平衡，经济关系不平等问题。这是一个经济问题，也是一个政治问题。——译者注

展为前提的企业经营，已经到了需要重新考虑的时候了。实际上，今后在长时期内，日本经济可能是零增长，工资可能是零提升。这样的话，社会的活力会降低，人心也可能荒芜。

为了防止出现这种局面，也需要放宽管制。前面已谈过，通过放宽管制，可以缩小内外价差，物价就能逐年下降。这样，国民的实际购买力将会上升，生活将日趋富足。另外，撤销对特定行业的保护措施，将会增加新兴企业诞生的机会，促进产业的新陈代谢。这样，即使经济不增长，提升国民生活水平、维持经济活力也将成为可能。

我也是当事人之一。约10年前实施的电信事业自由化，有力地证明了放松管制对于提高国民生活、搞活经济社会是多么重要。1985年4月推行的《电信事业法》，也就是所谓的"电信改革三法"，把日本的通信事业从当时电电公社的垄断中解放出来，实现了自由化。

其结果是，在长途通话领域，包括我经营的DDI在内，有三家企业参与。经过大约10年（1994年），比如，东京到大阪的平日白天的通话费从3分钟400日元降到了170日元。这意味着，在平日白天，对于

一周打两次15分钟长途电话（170公里以上）的人而言，与之前相比，每年可以节省12万日元。⊖

这比稍微减点税，对国民生活不是更有利吗？

另外，电信事业自由化后，不仅诞生了几家长途通信公司，还催生了众多区域性通信公司和手机公司。它们为了给国民提供更好的服务，分别进行了大量投资。例如，仅我经营的DDI和通信公司Cellular集团，自创立以来，设备投资就高达约6000亿日元，这些投资带给日本经济的辐射效应更是难以计量。

仅是电信事业的自由化，就引发了一场通信革命，给国民生活带来的便利，是过去根本无法想象的。我是这场自由化浪潮中的弄潮者，作为投身其中的经营者之一，对于放松管制带来的巨大效果，我有强烈而切实的感受。

**将"和的精神"扩展到全世界**

日本素有尊崇"和的精神"这一传统的价值观。

---

⊖ 1998年2月1日后，东京到大阪的平日白天的通话费将降到3分钟90日元。按照这个价格计算，在平日白天，对于一周打两次15分钟长途电话（170公里以上）的人而言，与DDI创立时期（1994年）相比，每年可以节省大约16万日元。——译者注

正如第一章所述，它形成于稻作农业社会，至今仍深刻地影响着日本人的思维方式。

有一种观点认为，根据"和的精神"，政府实行管制是完全正当的，如果放松管制，成为真正的自由竞争社会，那么，互帮互助这一日本人的美德就会丧失殆尽。为了保持相互扶助的传统价值观，制定各种管制措施是理所当然的。

我认为，重视协调合作的日本人的美德应该受到尊重。但是，只强调在日本这个狭小范围内的协调，我不赞同。现在世界要求我们摆脱"只要日本好就行"的利己的思维方式，将"和的精神"扩展到全世界。

日本的社会结构也好，管制水平也罢，都应该和国际社会取得协调。为此，必须由我们分担痛苦的事情也会出现，但是，这份痛苦是在国际社会生存的"必要之痛"。

将我们日本人构筑的卓越的"和的精神"向全世界推广吧！让我们与世界同行。

**离官自立**

有意见认为，就是放松管制，也应该委托作为专家的官僚，至少也要同他们一起干。但是，我不这么认为。

若问制定管制政策的官员，只会被告之，所有的管制政策无一不有其存在的理由。并且，官员不接受国民的委托，他们没有立法权。因此，寄希望于官员本身就不对。我认为，要放宽与省厅等官僚利害有关的管制工作，基本上应该由国民选出的国会议员，在立法机构遵照自己的见识和良知推进。

在议员中，也许有人会这么说："自己没有专业知识，也没有政策班子。说起来，在日本，议员立法的习惯还没有很好养成，所以一如既往，全权委托给官僚如何？"自己一边置身于立法机构，一边却寻找议员不能立法的理由，如此愚弄国民，岂非咄咄怪事？如果真为国民的幸福着想，相信必须放松管制，那就应该断然负起责任，积极向前推进。

或许需要学习，或许会遭到相关官员和业界的抵制，但是，身为国会议员，既然决心为国民而奋斗，这种勇气是必需的，也应该甘愿承受磨难。国民也必定会支持这样的议员。

我认为，在推进放宽管制这项工作时，经济界人士所起的作用尤为重要，他们应该拿出勇气，为了国民向官僚挑战。在美国，推进航空业的管制放宽以及长途电信自由化的,都是经济界人士。在日本,像本田、大和运输、京都 MK 出租车等企业,它们勇于向官挑战,历经艰辛,最终取得了放宽管制这一战役的胜利,创建了新兴产业,受到国民的欢迎,并取得了商业上的成功。这样的例子很多。

管制越多的领域,实际上正好表明该领域隐藏着很多的商业机会,具备充足的挑战价值。经济界人士应该舍弃对官的依赖,拿出勇气,为了放宽限制,向官发起挑战。

许多政治家和企业家只考虑自身的利益,汲汲于维护以往与官僚构建的关系,以及从中获取的既得权益。这种依存官僚的作为必须改变,应该尽快离官自立,把"是否有益于国民大众"作为基准,重新审视自己的行动。

## 走向真正的民主主义社会

今日的日本需要的是实现真正意义上的民主主义,它是日本在二战以遭受惨败的巨大代价换来的。新宪法规定"主权在民",规定国家运营以由国民选举出来的议员组成的国会为中心、实行三权分立为原则。这样,日本在形式上成了与欧美相同的民主主义国家。但是，正如前文所述，实际情况与原则相去甚远。

所谓主权在民，是指国民作为主人公，成为国家主权者，此乃民主主义最基本的原则。宪法序言的表述是："原本，所谓国政，来源于国民之严肃请托，其权威来源于国民，其权力由国民之代表者行使，其福利由国民享受。此乃人类普遍之原则，本宪法即基于此原则制定。"

然而，这个"人类普遍之原则"现在只剩下形骸了。

所谓三权分立，众所周知，指的是立法权、行政权和司法权相互独立，相互制衡。关于这三权分立，法国思想家孟德斯鸠在其著作《论法的精神》中指出，"英国人的自由，是在三权相互抵消的空白中成立的"。也就是说，如果三权不保持平衡，国民的自由就会受到损害。

然而，在日本的情况是，实质上身处行政机关的官员在进行立法。不止如此，许多官员出身的人摇身变成了国会议员，或者占据着包括县知事在内的地方公共团体的要职，行政机关强势过了头。其结果是，三权失衡，国民失去了本应有的自由。

至少，国会议员能够发挥主体性，能够运营处于国家最高权力中枢的国会，使这三权平衡有所恢复。

由现在的日本式民主主义孕育的日本经济，难道不是比欧美更优秀吗？有人持这种观点。另外，还有很多人强调日本历史的特殊性。但是，如果用这样的理由来蔑视社会的原理原则，那么或迟或早，日本社会的崩溃必将再来。

原理原则，必须彻底追求。对于追求过程中出现的问题，保持公开，并依据民主主义的规则展开讨论，加以改善，不就行了吗？

一边标榜主权在民、三权分立这些民主主义社会的原理原则，一边又认为这些原理原则不过是理想主义，是不现实的，因而加以否定，而汲汲于守护既成秩序和既得权益。那么，社会的公正也好，社会的活力也好，都将丧失，人心则会荒芜。

我们国民，如果要实现真正的民主主义，就必须经常认真思考"什么是正义""社会应该是怎样的"，就应该舍弃利己主义，哪怕要伴随若干的痛苦，也要为实现民主主义而竭尽全力。

对社会具有很大影响力的官员，应该以光明正大为宗旨来立身处世。否则，就无法获得国民发自内心的信赖，民主主义也无法有效地发挥其功能。既然决意要把自己的人生奉献给国民，那就应该经常不断地扪心自问："自己的判断和行为有无私心？"

政治家则需要有更高的见识和理念，要向国民和政府官员展示日本应有的形象，展示国家的愿景目标，政策由自己亲自确立，并拿出勇气付诸实行，必须具备这样的领导力。

在持续剧烈变动的当今时代，我们身处的环境愈加严峻。以前那种依赖官员、一切任凭官员处理的做法，已经无法跨越这个严峻的时代。新日本只能依靠我们自己的双手来建设。

日本已经确立了民主主义的原则，日本拥有具备优秀资质的人才。只要我们自身怀揣追求理想的勇气，而立志于领导社会的人士认同我们的理想和勇气，不断努力提升自己，那么，日本就会成为一个受世界信赖和尊重的国家，成为每一位国民都生气勃勃、充满梦想的国家。

# 第3章

## 经营在人心
—— 我的经营观

## 1. 动机至善，私心了无

### 技术者的创业浪漫

正如第 2 章所述，企业能不能在社会上取得成功并持续发展，取决于企业所从事的事业是不是为了社会、为了世人。如果经营的目的仅仅是追求经营者个人的私利，那么，即使能取得一时的成功，最后也会失去一般民众的支持，甚至会失去企业员工的支持，导致事业以失败告终。

1958 年年底，我从就职的公司辞职。这家公司当初是经恩师介绍才进入的，而且，作为研究员，当时我已经取得了一些成绩，所以一时还难以割舍。但是，公司的经营层和员工之间缺乏信任，再加上一系列人事安排让人根本无法理解，所以我还是执意辞职。和我一起辞职的，还有包括我的前辈在内的 7 名同事。

时年我 27 岁，过去与我素不相识却愿意出力帮助我创办公司的人出现了,其中甚至有人以私宅作担保,从银行贷款1000万日元,帮助我建立京瓷;另外还有和我一起辞职并将自己的人生赌在我身上的7名前同事。这些人寄予我的期望之大,以及这份期望让我背负的责任之重,压得我喘不过气来。

辞职离开公司,生活就没了着落。对我们来说,虽然决意成立新公司,但后面的人生将会怎样,无法想象。这好比驾驶着没有指南针的小船,航行在波涛汹涌的大海上。在这种情况下,我唯一能依靠的,只有同伴间的心灵的纽带。

唯有这心灵的纽带,无论如何都必须守护。以这种悲壮的心绪,我们8人在宣誓书上按下了血印。倘若只为我们自己的私利,那么,即使血印为盟,也会很快瓦解吧。然而,我们不是这样的,我们的结盟是为了实现更高尚的理想。为此我们共同起誓,誓书的内容如下:

> 非为私利、私欲结盟,我们虽然能力有限,但大家团结一致,决心干成对社会、对世人有益的事业。为此,同志相聚于此,以血印明志。

这样，在创建京瓷之前，我们就有了明确的志向，即凭借我开发的新型陶瓷，为社会、为世人做贡献。这一志向来自青春的热情："让自己的技术问世，尽早还清贷款，堂堂正正，为实现技术者的浪漫，倾注全力！"

1959年4月，我与同伴们一起，创建了京都陶瓷株式会社，也就是今天的京瓷。但是，公司成立伊始，我们没有资金，没有设备，几乎一无所有，有的只是同伴间牢固的心灵纽带。因此，我就想以这心之纽带为本，开展经营。虽然人心易变，但是翻看历史，凡是伟大的事业，无不是依靠仁人志士齐心协力、团结奋斗而完成的。一旦同志间心心相连，就能产生无可比拟的强大力量。思考至此，我就决心将自己公司的命运赌在众人的团结一心上。

开展这种"以心为本"的经营，京瓷从创业第一年开始就做出了利润。在第二年（1960年）春天，京瓷录用了11名高中毕业生，公司开始规模扩大，员工人数超过了60名。但就在那年年末，我经历了让自己的经营思想产生根本性变化的事件。

这11名高中毕业生和我们一样，每天拼命工作到深夜。但是，那年年末，这群高中毕业生突然来找我，把一份请愿书摆在了我面前，他们说："进了这家刚起步的企业，按你的要求拼命干活，可是公司前途如何，我们心中不安至极。所以，你要和我们签一份协议，保证每年涨多少工资。如果做不到，我们就集体辞职。"

对于这个要求，我感到震惊。于是，我把他们领到我只有两间屋的住宅，和他们彻谈了三天三夜。

"你们要我做出保证，我做不到。刚刚成立的公司，录用你们时，说的是要同你们一起努力把公司办好。公司刚刚起步，连我自己都不知道公司今后将会怎样。因此，怎么能够按照你们的要求保证你们将来的工资呢？就是为了创造一个美好的未来，我们才每天拼命工作呀。"我这样说服他们。

他们却反复强调："你说的也是。但是，一想到将来，我们的不安就难以抑制。这样下去，公司真的会好吗？只有保证每年一定的涨薪比例，我们才能安心。"

"话能这么说吗？仅仅是为了今天的生存，我们就要拼死努力。如果是历史长久的、优秀的大企业，也许可以为明年、后年作保证，但我们是去年才成立的公司，明年的事情尚没法说，更不用说签协议了，这可能吗?"

于是,他们说:"果不其然。既然这样,我们只好辞职了。"对此,我一筹莫展,心情十分沮丧。

**追求全体员工物心两方面的幸福**

我是7兄妹中的次子。除我之外的6人都和父母一起住在家乡鹿儿岛。二战结束后,家里的生活十分贫困,身为次子,我本应该照顾父母弟妹,就连这点都没做到,又为什么必须在经济上保证刚刚录用的员工的将来呢?我烦恼不已。

我甚至想:"招聘新人,从招聘那天起,难道就要背上照顾他们一生的宿命吗?办公司错了,我干了一件蠢事!"然而,公司是自己负责创办的,我已经没有退路。

我决心已定,于是对他们这么说:"虽然无法保证涨薪,但我一定会为你们着想。你们就不能相信我吗?既然你们有现在就辞职的勇气,就不能有相信我的勇气吗?如果不能相信我,那连被骗的勇气都没有吗?和我一起工作一段时间,确认一下我是不是骗子。到那时,如果你们认为上当受骗了,把我杀了也行。"

话说到这个地步，他们明白了，我是真的豁出命来干工作的，我是真心实意地和他们说话的。于是，他们撤回了自己的要求，此后再也没说一句怨言，而且站在其他员工的前头，为京瓷的发展竭尽全力。

从这一经历中，我获得了宝贵的教训。所谓经营，无论喜欢与否，经营者都要拿出浑身解数，为了员工的幸福竭尽全力。企业必须具备脱离经营者私心的大义名分。

在此之前，我经营的目的是让自己的技术问世。但是，靠这个目的经营绝不会顺利，我明白了这一点。我深深地感觉到，必须将"追求全体员工物心两方面的幸福"这一大义名分，作为经营企业的目的。

不过，如果仅仅考虑自己企业的员工，就等于只考虑自己企业利益，这样就不能尽到企业作为社会一员的职责。在考虑员工幸福的同时，也应该把为社会发展做贡献定为企业的目的。于是，我就把京瓷的经营理念确定为："追求全体员工物心两方面的幸福的同时，为人类社会的进步发展做出贡献。"

在这一经营理念的指引下，从小微企业起步的京瓷，虽然后来遭遇了数不尽的困难，但是，由于始终贯彻相互信赖、相互提升的精神，加上每位员工都持续地加倍努力，结果企业不断发展，成了人们口中的优秀企业。

**挑战电信事业**

京瓷离开自己的专业领域，首次挺进毫不相干的新领域，这就是 DDI 的创建。因为我很早就到美国做生意，所以发现美国的通信成本远远低于日本。无论是企业还是一般大众，几乎都不在意电话通话费用，在广阔的国土上，自如地使用通信设施，享受在日本无法想象的多种多样的通信服务。电信事业的高度发展，为产业活动和国民生活带来的好处之大，无法估量。

因此，在日本，当电信事业终于迎来民营化，允许民间参与长途电话事业时，我期待日本代表性的大企业能结成联盟，来降低国内长途电话的通话费用。

但是，这些大企业开展这项新事业，势必要对抗实力雄厚的 NTT（日本电报电话公司），或许是担心风险太大，所以没有一家企业愿意出头。另外，即使这些大企业结成联盟，它们真的会冒着巨大风险，正面挑战 NTT，彻底提高经营效率，为了国民积极降低长途电话的通信费用吗？这尚存疑问。我甚至担心，哪怕这些大企业结成了联盟,最终也只是它们从电信事业中获得了特权,并不会给国民大众带来好处。

这时候我开始意识到,像京瓷这样,从风险企业起家,凭借果敢的挑战精神拓展事业,而且又具备为社会、为世人的经营哲学的企业,应该挺身而出,参与电信事业,为降低国民大众长途电话费用努力奋斗。

不过,虽然想到了这一步,但要从正面挑战当时销售额远超4万亿日元的NTT,京瓷未免势单力薄。这就好比大战风车的唐·吉诃德。另外,这样国家级的项目,京瓷能接得住吗?尽管有这样那样的顾虑,但同时我又想,降低长途电话的通话费用,真正能为国民大众做贡献的事业,像自己这样的人不是最合适不过的吗?这些错综复杂的想法在我脑袋里盘旋,让我连日苦恼不已。

百般苦恼中,一天不缺,每晚入睡之前我都会自问自答,反复确认:"我要进军电信事业,真的只是出于要为国民大众降低长途电话费用这一纯粹的动机吗?这个动机真的纯粹到没有一丝一毫的杂念吗?"

"没有想让世人高看自己的私心吗?""只是想博得人们的喝彩吧。""你自己思来想去,但这动机善吗?

私心无吗?"心中的另一个自己,每晚都如此严格地追问我。

一个月、两个月过去了,直到自己的内心确认"动机是善,私心了无"时,我的烦恼方才消退,我才下定决心,无论困难多大也要一干到底。于是,勇气喷涌而出。

自己的决心坚定了,激励自己决心的大义名分确立了,而且确认了提升勇气的动机必需是纯粹的,我便无所畏惧,可以朝着成立公司的方向迈进了。

开展这项事业,初期投资最少需要1000亿日元,一旦失败,这一切都将付之东流。但是,即使万一如此,因为京瓷自创业以来已积累了约1500亿日元现金,所以,京瓷不会因项目失败而倒闭。确认了这一点,我向董事会提交了该项事业的计划,说明了最终或许会蒙受1000亿日元的损失。在理解这一巨大风险的基础上,董事会通过了,让该项目上马。

京瓷决定进军电信事业的目的非常纯粹,就是想在这个高度信息化的时代,尽可能地减轻大众长途通话费的负担。我把这件事与索尼的会长盛田昭夫、牛尾电机的会长牛尾治朗以及西科姆的的创始人饭田亮等人商量,他们当即赞同,并表示由衷支持。这样,在 1984 年，成立了 DDI。

事业一旦启动，除京瓷之外，又有两家公司报名参与，于是三家公司开始竞争。舆论认为，与其他两家公司相比，DDI 处于绝对不利的地位。

我本人和京瓷，既没有通信技术，也没有电信事业的经验。其他两家公司则不同，它们只需要利用铁路或高速公路沿线，就可以铺设通信电缆，而 DDI 没有这些资产，必须自己建设微波通信网络，在山顶搭建抛物面天线等设施，从零开始构建通信网络。

另外营销方面，DDI 也不像其他两家公司那样，在全国拥有关联公司以及协作公司的强大企业集团做后盾，所以，代理网点也得从零开始组建。然而，在现实中，DDI 作为领跑者，一路飞奔。

那么，对于这种绝对不利的劣势，DDI 是如何扭转的呢？至今仍有许多人向我提出这个问题。我总是这样回答："这是动机之差，我们抱着纯粹的动机投入到这项事业中。"

从创业开始，我就不断给全体员工鼓劲："为降低国民的长途通话费，让我们拼命努力吧！""仅有一次的人生，让我们活出精彩，活得更有意义吧！""现在，百年难遇的机会就摆在我们面前。这是平时求之不得的机会，我们要充分利用好这天赐良机"。

就这样，在 DDI，我和全体员工都抱着奉献国民的纯粹志向，全员都由衷地祈愿事业成功，都全身心投入，持续努力。看到这种景象，各代理店全力支持我们，更多的普通大众声援我们。以我们为中心，心心相连的人们聚拢起来，促进了这项事业的成功。

在第 2 章中已略有所述，在当前低迷的股票市场中，DDI 自 1993 年上市以来，一直保持着 800 万日元左右的高股价，市场估值已经超过了 1.5 万亿日元。

说出来可能没有人相信，作为创业者，我为了彻底贯彻自己的哲学，在 DDI 上市时，我不持一股，没有任何资本收益。创业当初，那些赞同我的想法，一起出资的企业都获得了巨大的资本利得，它们都非常高兴。我自己也很痛快，因为我们纯粹的动机不仅给国民大众、给员工，也给出资者带来了丰硕的成果。

**进军移动通信事业**

当我准备成立 DDI 的子公司，即主营移动电话和车载电话业务的 Cellular 通信公司时，周围一片反对之声，大家都持否定态度。但是我坚信，正像成立 DDI 为提高国民生活水平做出巨大贡献一样，移动通信企业的成立，同样会使日本国民受益。

移动电话的时代必定会到来。现在的家庭和办公室，电话铃一响，就必须跑到电话机旁接听。但是，今后电话可以打到人的身边，电话费将非常低廉，这样的时代一定会到来。"随时随地，可以和任何人通话"，这样的电话广泛普及的时代一定会到来。

再进一步说，当婴儿呱呱坠地时，父母在给孩子取名之前，会领到一个电话号码——"你的电话号码是×××"。为什么？因为当时我已经预测到，像皮包大小的便携式电话，数年后将会小巧得可以放进口袋。

京瓷生产大规模集成电路（LSI）用的陶瓷封装，由此我知道半导体相关技术的进步多么迅速，集成电路是移动电话的核心零部件，集成电路连同移动电话本身，会越来越小型化。我推测，几年后移动电话可以小到手可盈握。

因为我信心十足，所以向DDI的董事会提出方案。董事会成员中有NTT和邮政事业厅出身的人，他们最了解通信事业的前景，所以我想他们一定会举双手赞成。可是，他们却异口同声地说："会长，这不行！"

"为什么？"我询问。他们回答说："NTT的车载电话事业做五六年了，至今严重亏损。美国有许多做车载电话的企业，家家亏损，全世界至今尚无一家企业取得成功。DDI 刚成立，前途未卜，这个时候为什么还要创立一家失败概率很高的公司呢？"

董事中仅有一位年轻的部长同意我的想法。于是，我决定与这位部长两个人来开启移动通信事业。

但是，当时向邮政事业厅申请参与移动通信事业的企业，除了我们，还有一家。因此，我们两家就要对移动事业的区域范围进行划分。

问题在于划分方法。因为只有两家企业，所以我提议把日本列岛简单地分为东西两块，各取哪块抽签决定。但对方觉得东京是大市场，志在必得；同时，名古屋是他们企业的所在地，也不能放弃。而邮政事业厅不同意抽签方式，所以双方的意见很难达成一致。我想，从企业的规格级别上说，我们低它一等，我们应该让步，于是就把东京地区和名古屋地区让给了对方，DDI 则在其他区域开展事业。

回到公司，我把结果向董事会做了汇报，大多数人的反应是："怎么会达成如此愚蠢的协议？""东京这个最赚钱的地方被人拿走了。""这个结果难以接受。"

但是，我这么说："想在生意最好做的东京和名古屋开展事业,哪方都一样。如果有一方不让步,那么日本的移动通信事业就会延误。因此,在这种情况下,我们只能退一步,以便双方达成共识。不是有'损后而得''败而后胜'的谚语嘛。虽然协议的条件对我们非常不利,但是对于能够参与移动通信事业,我们仍然要心存感激,我们应该为这项事业的成功拼尽全力。"

有位董事说:"这不就等于把包子好吃的馅给别人,自己很客气,只吃粘着些许馅的包子皮吗?"我答道:"你说的对。但即使只吃皮,也死不了。让我们一起努力,把这皮变成黄金皮吧!"我最终说服了董事们,移动通信事业正式开始。

这项事业,我们一开始就背负着不利的条件,这一点每位员工都明白。大家都憋着一股劲,因为大家知道,要想在不利条件下让事业获得成功,必须付出加倍的努力。我们决不能输,我们一定要成功!全员都抱着这种强烈的信念,不断地拼命努力。

实际上,结果和我们当初的担心完全相反。以 DDI 为中心的 Cellular 集团 8 家公司(关西 Cellular、中国 Cellular、九州 Cellular、四国 Cellular、北陆 Cellular、东北 Cellular、北海道 Cellular、冲绳 Cellular)

1994年3月结算，销售额高达1 300亿日元，税前利润高达到250亿日元。

Cellular集团8家公司1997年3月结算如下：

| 销售额 | 5 328亿日元 |
|---|---|
| 税前利润 | 332亿日元 |

## 2. 经营的原点

### 学习本质

何谓经营？经营类书籍中比比皆是，其中介绍的经营手法年年翻新。但是，企业经营应该随着环境的变化而变化吗？如果经营者迎合每年的潮流，不断改变经营手法，那么他手下的员工到底该相信什么呢？

的确，新的市场动向和经营技巧应该知道，但是，彻底掌握经营更本质的东西尤为重要。经营不顺畅，恰恰是因为忽略了这种本质性的东西。我认为，存在一种可以称为"经营的原点"的东西，无论何时，无论什么时代，经营者都应该将它牢记于心。下面，介绍我思考的经营的原点，共11项。

(1）明确事业的目的

"为什么自己要从事现在这项事业？"其目的必须加以明确。谈到事业目的，或许因人而异。比如，有的人是"为了实现自己的梦想"，有的人是"为了让员工生活得更好"，还有的人是"为了赚钱"，等等。但是，这些目的真正明确了没有呢？经营者首先必须把事业的目的搞明白。

还有，事业的目的应该定得层次高。比如，某经营者因为过去一直很贫穷，所以一心想把事业做成功，成为有钱人，和家人一起住大房子，一起过好日子，也就是把赚钱当成了事业的目的。为了达到此目的，他拼命工作，使事业获得了成功。

但是，当这个目的达到以后，也就是说，他如愿以偿，真的住进了大房子，与家人共享快乐和满足之后，他就开始悠然自得，享受起达成目标的喜悦，而且从此不再努力，甚至一味沉湎于享乐，以至于不再关心经营。这样，在不知不觉中，他就葬送了自己的事业。为什么会出现这种结果？因为他把事业的目的定得太小了。

像这样，把事业的目的定在赚钱上，虽然无可厚非，但即使在这种情况下，还是尽可能要把目的定得大一些。

还有一点很重要，这个目的应该尽可能光明正大，并具备大义名分。经营者如果只将谋取自身利益作为事业的目的，那么，哪怕只有几名员工，他们的积极性也无法调动。甘愿牺牲自己、只为经营者发财而工作的员工，并不存在。

所以，应该确立光明正大的、意义崇高的事业目的。这样，无论是工厂工作的员工、一线接待客户的营业员，还是从事开发的研究人员，全体员工都会由衷认可并接受这种目的，甚至连员工家人也会为此目的而感到自豪。

前面提到，京瓷从创业第三年起，就将企业目的定为"在追求全体员工物心两方面幸福的同时，为人类社会的进步发展做出贡献"。DDI将"为国民提供尽可能便宜的长途通话费"作为创业的原点。并且，不管什么时候，只要有机会，我就向员工诉说这一点，努力将事业目的与员工共有。

总之，首先必须明确事业的目的。同时，这个目的要大、层次要高，而且要让所有员工都能由衷地接受，并能与员工共有。只有这样，公司才能以经营者为中心团结起来，才能成为一个燃烧的集体。

（2）明确目标

所谓目标，指的是可以用数字表示的、明确的事业指标。比如，从现在开始，几年后销售额达到多少、利润达到多少这种具体的指标。经营者必须持有具体而且明确的目标。

并且，经营者应该将这个目标作为自己的奋斗目标，从心底强烈祈愿目标能够达成。同时，这个目标作为必须达成的指标，作为未来的梦想，经营者不仅对自己，还要对员工，每天每日、不厌其烦地持续诉说。

京瓷刚起步时，租借了位于京都市中京区西京原町的某公司仓库的一部分作为工厂。从那时开始，我就经常对员工这么说：

"现在，要成为原町第一。"

"成为原町第一后，再成为西京第一。"

"成为西京第一后，再成为中京区第一。"

"成为中京区第一，公司规模就相当大了，将很了不起。"

当时认为，做到这一步已经不太可能，但我却持续对员工说："到时候，绝对要成为京都第一。""京都第一后，做到日本第一。""做到日本第一后，努力成为世界第一。"

树立目标,将其提升至"无论如何,非如此不可"的愿望,并不断强化。我树立目标,不断祈愿,持续向员工诉说,结果是这些目标全都达成了。

第4章将会详细阐述,强烈的、持续思考的愿望一定能实现。事情未能实现,无非因为愿望不够强烈,或者没有持续思考,首先要有目标,然后对该目标强烈地持续思考,这是促使事业成功的绝对条件。

(3)付出不亚于任何人的努力

**"一步一步、扎扎实实,持续不懈地努力。"**

明确了事业目的,制定了目标以后,就要付出不亚于任何人的努力,去实现目标。无论多么伟大的事业,都是由朴实的努力一步一步去实现的。踏实地做好平凡的工作,持续付出不懈的努力,是完全必要的。面对遥不可及的目标,或许有人会怀疑,这种朴实的努力会有效果吗?但是,一切伟大事业的成功,都是而且只能是这种朴实的、微不足道的、一步接一步努力的结果。

或许有人觉得这是理所当然的,但是,实际上能够这么做的人却非常少。某种程度的努力,一般人都能做到,但谈到付出不亚于任何人的努力,那就另当别论了。有人觉得，自己已经拼命努力达到极点了，但看看周围，肯定还有比自己更努力的人。要想成功，就要付出让所有人自叹不如的、惊人的努力。有人觉得自己有才能，掌握要领比别人快，但是，只靠才能和要领，绝不可能成就伟大的事业。

有人称赞我是卓越的经营者，具备先见之明。此言差矣。商业的才干也好，所谓的先见之明也好，都不过是付出加倍于他人的努力所得到的结果而已。因为我热心，肯努力，才会注意到别人根本想不到的事情。俗话说，胜过努力的天才，是不存在的。此话是也。个人的才能其实差别并不大，但是，每一个人实际上付出的努力差异很大，而这种努力之差，最终会带来更大的结果之差。

（4）销售最大化、经费最小化

**"量入为出。""不是追逐利润，利润随销售最大化、经费最小化而来。"**

事业获得成功的秘诀是，最大限度地提升销售额，而将经费压缩到最低。实现销售最大化，需要钻研创新；实现经费最小化，也需要钻研创新。这里体现了经营者的智慧。

但是，一般的经营者并不这样思考问题，他们只是单纯地追逐利润。自己所在的行业，销售利润率大概就这么多，所以就努力做出这个利润。只要达成了这个目标，钻研创新也就到此为止。因此，也就做不出比这更高的利润。企业经营的目的并不是为了做出多少利润，利润是销售最大化、经费最小化这一努力的结果。"量入为出"，这是经营的基本。

并且，真正"量入"——实现收入最大，真正"为出"——实现支出最小，都需要有强烈的愿望。这种强烈的愿望会促使你去思考：为做到"量入为出"，究竟需要下什么样的功夫。

过去，在夜间常有拉着小车叫卖"夜宵乌冬面"的，晚上加班的人经常会吃，现在几乎见不到了。我曾用这个"夜宵乌冬面"的例子，向员工讲述经营的道理。

"夜宵乌冬面"只是卖面条的小买卖，但是，这种看似简单的买卖怎么做，变化有无数种。采购的原料有面坯、汤料、鱼糕、葱等，为了把采购费用压缩到最低，可以下各种功夫。比如，鱼糕和葱从哪里买，一碗放多少，汤料用什么等。这样做出的面条一碗卖多少钱，每天几点出摊，在哪里出摊等，为了销售最大化，也可以动各种脑筋。

实际上，怎么采购、怎么销售，体现了做生意的人有无才干，会不会动脑筋、想办法。

这种因采购不同而产生的支出差别和因营业方法不同而产生的销售差别，一单一单算或者一日一日算，也许差别甚小，但日积月累，一年之后，其差别就会非常大。有的人只用了数年就发了财，有的人做了几十年，仍然只有一车一摊位。

从"夜宵乌冬面"的例子可以看出，哪怕如此简单的买卖，只要日日动脑钻研销售最大化、经费最小化，这样的努力不断累积，就能增加利润，成为增长型企业。几年后，与停滞企业的差异就非常明显了。

（5）定价是经营的根本

经营者中，有人认为，"自己的工作就是审批报告和制定战略，至于产品的定价等，交给部下就行"。如果销售额和利润上不去，就会责备部下。这样的经营者只能说他不懂经营。为什么？因为定价不同，销售额和利润会发生很大的变化。所以，定价是非常重要的工作，须由经营者亲自来做。

凡是价格由市场竞争决定的产品，例如，竞争的公司有四五家，产品在市场上陷入了激烈的价格竞争，在这种情况下，以市场价格为前提，要做到前文提到的"销售最大化、经费最小化",就必须付出努力。

但是,没什么竞争的产品,比如前文提到的"夜宵乌冬面"的情况,价格可以自由设定,比如一碗卖多少钱自己设定。现实中,即使在同一个地方,几乎相同的乌冬面,有的店一碗卖 300 日元,有的店卖 500 日元。价格越高,每碗的利润会越多,但销量会变少;相反,价格越低,销量会越多,但每碗的利润会变少。

所以,每碗卖多少钱,销售额和利润的变化会很大。因此,最赚钱的卖主,一定能够看出当地客人乐意接受的最高价格,并根据这个价格来定价。也就是说,在可以产出利润的价格中,能卖的数量最多的价格,能让销售额最大的价格,能够看透这一价格的人,就是最能赚钱的卖主。

"夜宵乌冬面"的例子虽然简单,但定价的重要性对任何产品而言都是一样的。在有利润的价格中,客户乐意购买的最高价格是多少,经营者必须看出这一点。并且,这个定价本身也是经营者的重要工作。现实中,有的企业胡乱降价,导致亏本,最终破产;有的企业无视市场规律,执意维持高价,导致库存堆积如山。这些都是因为定价失败而造成的悲剧。

总之，定价是经营的根本。只有给每一种产品制定适当的价格，企业才能发展。所以，定价不能交给部下，经营者自己应该认真思考，亲自决定。

（6）心怀强烈的愿望（经营取决于意志力）

**"要怀有渗透到潜意识的强烈而持久的愿望。"**

人的心灵的作用实在是精妙绝伦的。我们通常认为，人只考虑自己意识到的事情，但其实不然。除此之外，人的心灵，在没有意识到的时候，在深层次上，依然在发挥作用，人们称之为"潜意识"。

虽然持有愿望，但由于存在各种障碍，所以要实现它几乎不可能，即使在这种情况下，仍然无论如何都要实现这个愿望。如果要彻底做成这事，只靠"如果可能的话"这种淡然的、浅薄的想法是不行的。我所说的强烈的愿望，是从心底升腾的、非达成不可的愿望，是已经渗透到了潜意识的愿望。

为了让愿望渗透到潜意识，必须睡也想、醒也想，以惊人的毅力只思考这一件事，透彻地思考。如果想要成就某项事业，就要一天 24 小时不间断地思考。这样的话，不只是醒着的时候，睡觉的时候潜意识也会工作，实现愿望所必需的灵感就会迸发，在不知不觉中，朝着愿望达成的方向靠拢。

（7）经营者必须具有强烈的斗魂

经营者犹如一国或一城之主，必须具备"怎能败给别人"的气概，具备格斗般强烈的斗魂，带领员工冲锋陷阵。

在企业经营中，一旦决定了要这么干，那么无论遭遇多大困难，都必须干成，这种坚强的意志必不可缺。而支撑这种意志的条件之一是健康，即强健的体魄。但更根本的条件是"不败给任何人"的斗争心，不屈不挠的精神，决不后退的斗魂。如果经营者缺乏燃烧的斗魂，在激烈的竞争中就不可能取胜，不可能发展事业。

经营是真刀真枪见胜负。企业每天都处于激烈的竞争之中。经营者从部下听来的并非都是好话，相反，"订单要被别人抢走了""恐怕已经输了"等悲观论调居多。经营者无论被置于何等严峻的状况之下，都不能有丝毫的胆怯，"无论发生什么，我都毫不畏惧！"必须燃起这种强烈的斗志。部下受到鼓舞后，也会燃起战斗的力量。

相反，如果经营者稍稍露出软弱的一面，这种情绪就会瞬间扩散，公司全员一下子就会意气消沉。公司的士气一旦下降，再要恢复就非常困难了，企业的生命力有可能因此而衰弱。为了在激烈的竞争中取胜，就必须具有强烈的意志，以及支撑这种意志的强烈的斗魂。

（8）以关爱之心诚实处事

**"买卖是双方的事，让对方也高兴，大家都满意。"**

经营者以强烈的意志面对工作，所以需要前述不亚于格斗士的强劲而激烈的斗志。但是，仅仅如此，事业还是不会顺利。经营者越是具备强烈的意志和斗魂，心中就越需要具备温柔和关爱之情。

经商心中要有对方，只顾自己盈利，是不行的。卖方高兴，买方也欢喜，这是行商的铁则。只考虑自身利益，只顾自己笑，而让对方哭，这样的行事方式或许可以获得一时的成功，但要想长久地繁荣是不可能的。经营不是谁胜谁输，而是包含员工、交易商在内，对所有共事的人都要抱有温柔和关爱之心，抱有诚实的态度，谋求共同的繁荣。

我认为，经营者必须具备斗魂，必须以惊人的能量投入工作。但仅靠这种强势，事业不会顺畅。

美国作家雷蒙德·钱德勒在其小说中写道："男人不强悍，就无法生存；但无爱心，就没有生存的资格。"确实如此。一味强悍的经营者,让人感觉不到任何的魅力;只有在刚强中隐含慈爱,才会魅力四射,成为众人仰慕的人。

（9）保持乐观向上的态度

**"人生由心来描绘。"**

经营企业,需要有强烈的愿望,需要有惊人的斗争心。但正因为具有这种逼人的气势,所以经营者同时必须具有乐观明朗的心态。

经营者不能以否定的态度看待事物,不能一味地批判再批判,不能愁眉不展。经营者对部下发泄不满、抱怨不止,就是失格。无论何时都要不失开朗,总是积极乐观,怀揣梦想和希望,持坦诚之心,肯定并接受所有事物。做不到这些,就无法成为成功的经营者。

在经济萧条时或者业绩连年不振时,有的经营者就会担心,这样下去公司将会破产。他们抱着这种悲观的态度,忧心忡忡、闷闷不乐。但是要知道,当这种情绪占据心灵时,就真的会把负面的事情吸引过来。

人生的一切皆由心描绘而来。无论身处何种严峻的环境,都不应让负面念头在心中浮现。认真努力、乐观向前，好的结果就一定会出现。要坚信这一点，始终心胸坦荡，积极开朗，奋勇向前。

（10）临事有勇

**"不能有卑怯的举止。"**

为了在判断时贯彻原理原则，必须具有勇气。正确的判断，未必总会受到所有人的欢迎，或许会受到人们的指责，背负艰辛，甚至遭人嫌恶。要顶住这样的压力，坚持正确的判断，就需要真正的勇气。

领导者一旦失去做出正确判断的勇气，犹豫不决，部下就很快会察觉。哪怕只有些许卑怯的行为，也会瞬间失去部下的信任。一个缺乏勇气、行为卑怯的领导者，会让其下属觉得卑怯的行为很正常，团队的道德观会因此急速下降。无视正义、凑合妥协将变得稀松平常，而这些反过来又被认为是处世之术、生存之道。这样的团队很快就会丧失其职能，走向溃败。

不过，勇气固然必要，但有的经营者仅仅为了表示自己有勇气，就做出轻率的判断，采取鲁莽的行动。然而，经营是不允许轻率的，必须慎重、缜密。经营者在具有勇气的同时，一定程度的恐惧心也是必要的，这样的恐惧心来自某种纤细、慎重的性情。

但是，要既有勇气又行事慎重很困难。我认为，比起原本就具有蛮勇之心的人，生来慎重、胆小怕事的人，在迫于必要时获得了勇气，这样的人更适合作为领导者。要想具有真正的勇气，除积累各种经历、壮起胆量、锻炼自身之外，别无他法。

谨慎小心之人，经历丰富的实践而获得的勇气，才是真正的勇气。经营者必须掌握这种真正的勇气，以应对各种局面。

（11）不断从事创造性的工作，反复钻研创新

**"明天比今天好，后天比明天好。持续不断地改良改善，日日钻研创新。"**

所谓创造性的工作，不只是开发高新技术这种难事，而是明天比今天好，后天比明天好，钻研创新，改良改善。这要在公司的所有岗位上不断积累，每位员工在自己的岗位上都要想想：有没有比昨天更高效的方法？如何才能改善昨天的不足？要养成思考的习惯。

与没有受过高水平教育的人相比，受过的人当然更好，但并不等于没有受过高水平教育就无法创新创造。甚至可以说，不拘泥于普通的教育和已有的技术，不满足于现状，不断钻研，持续改良改善，

这种默默无闻的努力的累积，才是伟大创造产生的源泉。

京瓷从生产陶瓷电子零件起家，业务范围逐步涵盖机械零部件、医疗器材、珠宝首饰等精密陶瓷的各应用领域，同时还扩展到电子、信息、通信、光学机器等领域。这些业务并非同时一下子做起来的，也不是因为原本就拥有相关的技术，我们只是从已有的技术出发，不断应用于与此相关的技术领域，不断拓展而已。

## 3. 经营者的基本素养

### "以'爱''真诚''和谐'之心为根基"

为什么必须重视人心？因为无论是人生还是工作，为了孕育了不起的成果，思维方式和心灵状态起着决定性的作用。工作和人生成功的秘诀就在于人心。怀揣伟大梦想、以卓越思维方式经营企业的人，等待他的是伟大的事业和巨大的成功。只满足于小小的梦想、马虎妥协之人，只能度过一个与其态度相应的、平淡的人生。卓越的心灵孕育非凡的成果。那么，什么样的心灵才能将人引向成功呢？

我认为，用"爱""真诚""和谐"这三个词表达的心灵是最重要的，在第 4 章中我将详细说明。其实，这种心灵，在人的灵魂层面上，原本就是有的。将他人的喜悦作为自己的喜悦，这样的心是"爱"；愿意为社会、为世人做贡献，这样的心是"真诚"；不仅为自己，同时也祈愿周围的人幸福，这样的心是"和谐"。一颗崇尚"爱""真诚""和谐"的心产生的思想，是指引人们走向成功的基础。

或许有人认为，这样的思维方式未免过于理想化了。实际上，因为我也不是圣人，所以我也并非总能时时持有这样的心态。但是，至今我之所以能有若干成功，可以说，正是我拼命努力，想要持有这样的心态所获得的结果。

我经常用"京瓷哲学"中的语句，给员工讲解心态的重要性。我创建 DDI 的理由之一，就是想用实例向员工证明"只要持有纯正之心，无论什么事业都能成功"。

这种心态的重要性，对任何人来说都是相同的。无论是东方还是西方，人心的本质是一样的。京瓷海外员工人数和日本国内相同，已有 1.4 万人之多（1994 年），对这些海外的员工，我同样给他们讲述

"京瓷哲学"。

京瓷集团员工数（1997年3月末）如下：

| 京瓷株式会社 | 13 270 人 |
| --- | --- |
| 包括国内外关联公司在内的整个京瓷集团 | 40 542 人 |

"京瓷哲学"的基础就是"心"。有一次，我围绕"心"向美国的员工讲述我的思维方式。当时，我一度有些担心，解说日本人的所谓心的问题，岂不令他们嗤笑？"会长开始像宗教家那样说教了。"我担心，他们这样误解我的话，反而会失去对我的信任吧。

结果恰恰相反，我的讲话引起了强烈反响。讲话结束后，在与员工一起参加的鸡尾酒会上，不分男女都来到我面前，争相和我握手，他们众口一词："听到了真正精彩的讲话！"

那时我产生一种感觉，像美国这样彻底奉行个人主义的国家，人们难免时不时就会陷入深刻的孤独。美国人之所以热衷于举办家庭派对，大概就是为了寻求相互间的联系吧。因为心存烦恼的人非常多，又苦于没有倾诉的对象，所以许多人跑到心理医生那里去接受指导。另外，现在还有半数以上的美国人，每周都会去教堂，可以说他们对宗教的虔诚程度比日本人高得多。人的心理活动在社会生活中占有极大的比重。对于这一点，从某种意义上来说，美国人的理解比日本人要深刻得多。

因此，他们对于有关心灵的问题抱有非常强烈的共鸣。尽管我用的是纯粹东方哲学的方式，但只要涉及心灵的话题，他们就立刻显示出非同寻常的浓厚兴趣。

所以，我的话讲完以后，他们对我说："因为您是从人心的角度给我们讲经营，所以我们非常理解。因为您是这样的经营者，所以我们信赖您。"就这样，京瓷海外工厂的员工也和日本国内的员工一样，理解我们的经营理念，工作非常努力。

我不遗余力地宣讲"做人的纯正之心，充满温柔与体贴"，宣讲这种心的重要性，结果无论是在日本还是在海外，都同样唤起了共鸣，建立起心灵的纽带。

我去京瓷海外工厂时，都会给当地员工讲述"京瓷哲学"。几年前，有一次，我像往常一样，在美国的一家工厂讲话，那里的一位员工对我说："会长您经常讲的理念绘成图的话，是这样的吧。"他给了我下面这幅图。这幅图把我讲话的内容表达得一清二楚。

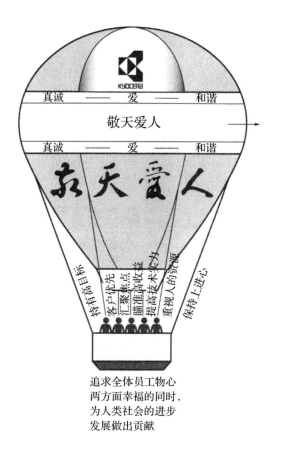

一个气球,上面写着公司的社训"敬天爱人"和表达相同心态的"真诚、爱、和谐"。这个气球下吊着一个篮子,这个篮子载有众多员工,以及他们共同的理想,即京瓷的经营理念——"追求全体员工物心两方面幸福的同时,为人类社会的进步发展做出贡

献";气球拉着篮子升向光辉的未来;将气球和篮子连接起来的便是写着"保持上进心""重视人的资源"等表达更为具体的思维方式的纽带。

这幅图表达的意思是:作为人应有的正确的心态、思想(图中显示的"敬天爱人、真诚、爱、和谐")成为动力,由此实现所有员工共同的崇高理想(公司的经营理念),将他们带往天堂的至福世界。

这幅图十分确切地表达了我经常讲的一句话:"只有人心、哲学,才是成就伟大事业的原动力。我们必须掌握哲学,拥有美好的心灵。"看到这幅图,我深切地感受到,长期以来我在海外讲解"京瓷哲学"是有价值的,对此我特别开心。

### 领导者必备的素质

在这里,我想列举几项领导者必须具备的素质。

首先,领导者必须时刻注意自身的健康。这是因为,作为领导者,在决断之际如果自己健康不佳,那么本能地保护自己身体的心绪就会强烈起来,这可能导致判断基准发生变化,让判断失去公平。说得极端一点,当一个领导者到了不能不顾虑自己的健康和体力时,他就应该从领导岗位上退下来。领导者能够在毫无私心的状态下做出判断，就必须具备坚强的精神和健康的身体。

其次，领导者必须保持创造性思维。领导者要持有不断追求新事物、创造新事物的思维方式，经常为企业引入独创性的东西。不这样做，企业想要持续地进步发展是不可能的。如果领导者觉得只要维持现状就行了，那么这种只求安逸的想法就会在企业中迅速扩散。

再次，领导者必须能够对部下提出明确的目标。首先自己相信目标必达，进而就如何才能达成目标，一一向部下说明，必须让部下也相信目标一定能够达成。

最后，具备工作能力，具备统率部下的实力，人格也不错，对于具备了这些领导者素质的人而言，重要的是，要深入思考，为什么上天会将领导者的才能（即天赋）赋予自己。要认识到，只有自己才有资格当领导者，是完全没有这种必然性的，别人来充当这个角色也不足为奇。

这种作为领导者的才能，是用来将集团引向幸福的，是上天按一定比例赐予人世间的。如果是这样的话，被上天授予才能的人，就应该将这种才能用于为社会、为世人、为集团服务，而决不能将天赋之才私有化，用于为自己谋利。领导者应该抱有这种谦虚之心。

因此，领导者必须抛弃私心，具备即使牺牲自己，也要为集团尽力的决心。比如，想要建设方便工作的职场，领导者不能优先自己，只顾自己方便，必须给大多数人提供方便工作的环境。

如果只想方便领导者自己，部下便不会跟随。优先自己的部下，哪怕牺牲自我，也要构建便于部下工作的环境。只有这样，才能鼓励部下，赢得部下的信赖和尊敬，职场的协调和纪律才有保证，企业才能发展。

工作不是领导者一个人做的。部下如果不和领导者一样燃烧起来，事业就不可能成立，更谈不上成功。将自己的理想托付给部下，将部下的士气提升到与自己相同的水平，如果能做到这一点，事业必定成功。领导者必须将自身持有的热情和能量注入给部下。这样，就可以将部下的能量提升到与自己相同的水平，甚至超过自己的水平。如果部下能达到"既是为自己努力，更是为工作努力"的状态，成功就十拿九稳了。

再有，领导者绝不能有卑怯的行为。出了事故，就要承担责任，明确去留；如果有错，就坦率承认，绝不逃避，绝不抵赖。集团的领导者不能仅仅用头脑去理解职场的伦理和规则，必须身体力行。期待部下做的事情，自己要率先垂范，用实际行动做出榜样，只有这样，部下才会心悦诚服，自愿追随。

领导者的举手投足，部下都看在眼里。领导者如果有卑怯的举止，就会立刻失去部下的信赖和尊敬，职场的道德观念也会随之迅速下滑。领导者的行为、态度、形象，不管是好还是坏，其影响都不会仅限于自身一人，它会像野火一样扩散至整个集团。集团是反映领导者的一面镜子。

因此，领导者应该严于律己，抱着爱心与部下交往，但这种爱不是溺爱。因为孩子可爱而娇惯放纵，就会影响孩子的成长，甚至贻误他的人生。相反，严格教育孩子，树立规矩，则有助于他度过有意义的人生。对部下的教育与此相同。

缺乏信念、只知一味迎合部下的上司，即使被称为慈爱的上司，对年轻人也绝没有好处。所谓"小善似大恶"，小善虽然让年轻人轻松，但这份轻松舒适会惯坏他们。从长远来看，只有严格的上司才能让部下得到锻炼，促使他们健康成长。

所以，领导者既要受到部下的尊敬，又要有能力培育部下。为此，领导者必须具备优秀的人格。如果只靠自己在公司的职位行使权力，部下则会阳奉阴违，而不会从心底甘愿服从上司的命令。作为领导者，最重要的就是要赢得部下发自内心的信赖和尊敬。为此，领导者要时常思考"作为人，何谓正确""应该如何度过人生"，同时，必须认真探究"怎么做才能提高自己的心性"。只有自己的心性得到提高，才能成为真正的优秀领导者。

以上就是我思考的领导者必须具备的素质。

最后，想介绍一下我反复对下属关联公司的社长强调的话。这是在充分理解了我之前阐述的观点的基础上，作为企业的社长，需要特别注意的事项。无论现在的企业规模如何，这些内容如果能被当社长的或者是有志于当社长的人作为参考的话，我将感到荣幸。

- 我在创建DDI之时，经常自问："动机善吗？""私心无吗？"在日常工作中，努力做到光明正大，具有勇气，具有敬天爱人的精神。

这样的心态和思维方式培育了 DDI 的创业精神，带来了现在的成功。这一精神希望大家认真理解。

- 为提高经营效率，不要浪费，消除不合理现象。
- 所经营的事业，应该能给国民大众和客户提供满意的产品与服务，并努力让企业成为高收益企业。
- 追求全体员工物心两方面的幸福的同时，为人类社会的进步发展做出贡献。与此同时，还要努力给股东足够的回报。
- 杜绝大公司常见的僵化的官僚组织和权威主义，创建一个灵活的、生气勃勃的组织。
- 人事任免要光明正大，秉持公平原则，不可掺杂私心。
- 避免独断专行，要汇聚众人智慧，得出恰当结论。
- 判断的基准不是惯例、习惯或常识，而是以"作为人，何谓正确"为基准，必须基于原理原则做出判断和决策。

# 第4章

## 关爱之心
### ——我的人间观[一]

---

[一] 日语中"人間"这个词,除"人"之外,还有"人类""人世间""人品"等意思,这里是指"人"。人间观,就是对人的看法。——译者注

## 1. 命运与立命

**思考心灵应有的状态**

小时候,我是孩子头儿,在学校里几乎不怎么学习,经常带着附近的几个孩子四处游玩。在和这些小朋友游玩的过程中,我意识到,在"作为人,何谓正确"这个问题上,我学到了很多。

儿童们的心都很单纯,他们总是以锐利的眼光观察自己的头儿(boss)。头儿有些许卑怯的举动,或者感觉头儿不再照顾自己,他们马上就会离开这个团伙。所以,无论碰到多么厉害的打架对手,我也绝不胆怯,总是昂首挺胸,前去与他交锋。

还有,自己的零食必须与同伴分享。不这样做的话,昨天还是自己的"部下",今天就会去投奔别人了。人心是多么易变啊!为了随时抓住这易变的人心,该如何做才好呢?尽管还是孩子,但不知何时,我居然领悟了。而这种心得，在此后的人生中，我觉得比在学校学习的东西更为有用。

1945年年初，13岁的我患上了肺结核。我的叔叔和婶婶都是因为肺结核刚刚离世的，所以我非常不安："我家有结核病家族遗传吗？"当时，结核病是不治之症，又处在战时状态，得不到足够的营养，所以"可能很快就会死去"！我每天都生活在恐惧的阴影之中。

那时候，一位邻居太太来到我的床前，给了我一本书，是谷口雅春的《生命的实相》。她对我说："书上写的内容对你应该有益，所以不管懂不懂，你一定要把它读完。"对于终日生活在不安中的我来说，这是初次读到有关宗教的书，书中的每字每句都给了我新鲜的印象，并流进了我的心田。

这本书中有几段话至今让我印象深刻：

"将痛苦视作不幸，是认知的错误。痛苦为心灵成长所必需，明白了这一点，就应该为痛苦而喜悦。"

"人的病态心理——这不卫生，那会发病，担心自己随时都可能生病，时刻想着逃离病菌的侵害，正因为生活在这种忐忑不安中，病魔真的就光临了。"

"人们在遭遇灾难的时候，总认为灾难是外部世界强加于自己的，自己并无过错。我们遇到灾难而受到伤害，其实还有内在的原因，就是说，这种灾难与我们的心态相关，两者之间是一种'物以类聚'的关系。我们内心不去召唤，这世上就没有任何东西会主动跑到我们的身边"。

"信念是'心念世界'中命运的雏形，现实世界中发生的一切，都由这个雏形发展而来。"

"要将渴望的事物唤至身边，就不能让这个念头中断，必须长久保持对它的希望和热情。"

在阅读这本书的过程中，我开始认识到，自己患结核病，是因为自己具有把结核病吸引过来的心理倾向。

不久，迎来二战结束，我发现我的结核病不知何时竟然痊愈了。由此看来，心态转变，人生真的会发生改变。这次体验给了我认真思考人心的契机。

后来，我虽然遭遇了升学失败等各种各样的挫折，但如前所述，1959年，我有缘创立了京瓷，一直到现在。在这期间，作为经营者、技术者，我拼命地忘我工作，同时我也在不断思考自己以及员工应该具备怎样的心态。

在这么思考问题的我看来,最近很多经营者,在他们眼里只看到"泡沫经济""不景气"这类表面现象,因而牢骚不断、吵嚷不休,但对于经营中最重要的"人心"正在荒芜,他们却熟视无睹。他们只顾追求自己眼前的利益,为此热衷于制定所谓的战略,但对于人心这个经营的本质性的问题,却根本不予关注。

在经营资源中,最重要的是人,进一步说是人的心。探究明白人的心的应有状态,才是当务之急。

**强烈的愿望**

企业如果不创造新的东西,就不能发展。与此相同,我们如果不挑战新的事物,在挑战中未能取得新的成就,就无法成长。因此,需要的就是强烈的愿望。

在我们所处的社会里,基本的秩序已经形成。对一般人而言,只要按照这种秩序生活,与社会的摩擦就会较少,生活也就轻松。相反,不依赖既定秩序,自己独辟新径,则生活就相当困难。因此,几乎所有人都是在无意识的状态下,依据常识度过人生,不会刻意去挑战新的事物。

但是,只有向新事物、向别人做不成的事情发起挑战,人生才有价值。只有在这个过程中,人才会成长。在向社会的既定概念认为不可能的事情发动挑战时,首先需要的是勇气,以及支撑这种勇气的强大心灵。

然而,即使具备了雄心,挑战了新事物,创造了新东西,但仅仅做到这一步,并不能说大功已经告成。如果相信自己创造的东西是优秀的,对社会是有益的,那就必须获得世人的认同。

但是,这并非易事。因为大多数人都按常识判断,对新事物不会轻易认可。革新程度越高的事物,越容易受到各方面的质疑甚至破坏。话虽这么说,但是,单单因为创造了新事物就自我陶醉,或者相反,因为创造的新事物不受人待见就轻易放弃,那么新事物是无法成就的。

这时需要的是:秉持毫不动摇的、坚定的信念,相信自己要干的事一定有益于社会的发展。抱定信念,持续努力,待到万人承认、赞赏时,挑战才算成功。

也就是说,挑战新事物、成就新事物,最重要的就是具备不亚于任何人的强烈信念。只有具备非如此不可的坚强意志，才能成就新事物。挑战"看来不可能的事情"，将它变为"可能的事情"，这时候，如果所持信念的强弱不同，结果将大相径庭。想在有限的条件内成就新事物，首先就必须最大限度地提升我们"心灵的状态"，这是我们最了不起的武器。

在佛教中，把"心中所思在现象界呈现出来"这一事实，称为"思之所作造业"。思想冒头，由此发动的行为就是思之所作。思考是心的波动，可以说是某种能量。持续怀有强烈的愿望，能量便会凝结，并作为现象在我们的周围显现。我称这个过程为"思之所作造业"。

仔细观察自己周围出现的现象，就会明白这句话是多么正确。这个现象世界，是我们的心原封不动的呈现。小而言之，自己周围的家庭、朋友、公司，大而言之，日本乃至整个地球，所有一切都是我们自己按照心中所描绘的图景，如法炮制而成的。

**善念开运**

每个人都有命运，但这不是宿命。命运，按佛教的说法，是由因缘所决定的。这个因缘的因，就是原因，也就是自己的灵魂在过去遍历的结果造成的"业"。

所以，想让命运向好的方向转变，就必须在现世制造新的善业。还有，刚才提到的"思之所作造业"这句话，意思是，是思善，还是思恶，人的命运会由此改变。思念造业，并决定命运。

人有时会遇到意想不到的困难，可以说，这是由灵魂所背负的过去的"业"引发的灾难。实际上，当遭遇这样的灾难时，采用何种思维方式、何种心态来应对，对一个人往后的人生影响极大。在遭受灾难、病痛等人生挫折时，在栽跟头时，不要用消极否定的态度去接受，必须努力朝着光明的方向，积极地予以解释。

遭遇灾难，过去的"业"会消去。为此，"值得庆幸，这种程度的灾难，就能把事情了结"，因而表示感谢，朝着光明的方向，积极改变思维方式。即使是灾难，也要乐观解释，这样就能让命运向好的方向转变。保持开朗、健康的思维方式，命运便会朝好的方向变化。

在我经常谈到的中国古代典籍中，有一本明代袁了凡写的《阴骘录》（即《了凡四训》），其中有这样的内容。

袁了凡年少时在附近的寺庙中遇到一位云游到此的老人。老人精通中国的理学这种占卜学问。他对少年了凡说:"我受天命将理法的学问传授于你,为此,从遥远的南方,千里迢迢寻访到此。"

尽管袁了凡听后一头雾水,但还是把这位老人邀请到家里,让母亲做晚饭招待他,并安排他住了下来。

在当时的中国,要当官吏及大臣,就必须参加科举考试。对着袁了凡,老人预言道:"将来你会接受科举考试。县考你会以第 14 名通过,府考以第 71 名通过,提学考以第 9 名通过。并且你会被任命为县令。你会结婚,但遗憾的是不会有子嗣。天寿终结是在 53 岁时的 8 月 24 日。"

还是少年的袁了凡,听后"哎"了一声,很是吃惊。但后来,袁了凡的人生,果然如老人的预测一样。不过,接受正考的时间比老人预测的提前了一年,所以袁了凡想"这次算偏了"。但考试临近时,考官横插一刀,说:"不能让这小子参加考试。"结果就没有考成。

第二年,另一位考官看了袁了凡写得漂亮文章后，认为"能写出如此文章的人，未见也"。于是，袁了凡被批准补贡生。而这与那位老人预测的时间恰巧吻合起来。

由此，袁了凡觉得："人生是多么不可思议啊！原来自己的整个命运一出生就注定了。"他的思维深入到了这一步。在这之前，袁了凡学习刻苦，做事也非常努力，但这时他想："既然自己的人生已经注定，那就没有必要努力了，也没有什么可烦恼的了。"袁了凡"达观"了，也就是陷入了宿命论。

通过正考以后，袁了凡在南京住了一段时间。在这期间，他去禅寺拜访了著名的禅师，一起坐禅三日。禅师看到袁了凡打坐的样子，不禁赞赏说："你没有杂念妄念，心中光明，毫无阴霾。如此年轻，竟能如此开悟，实属难得！"

袁了凡答道："哪里，哪里！我可谈不上开悟。"于是就把有关的来龙去脉告诉了禅师："其实，我小时候遇到了一位云游的老者，听了他对我命运的描述，而后来我实际的人生果然如他所述。我不会有孩子，活到53岁就会死去。所以我已经没有任何烦恼，只想淡淡地度过此生，终其天年就行了。"

禅师听罢，大怒道："我原以为你是个贤人，想不到你居然如此愚蠢！"接下来，禅师说了如下一番重要的话：

"确实，人一出生，命运便注定了，这是由过去的业所决定的。但是，来到这个世上后，你现在心中之所想，便在造业。由此，你的命运将会改变。你连这个道理也不懂吗？"

在中国，人们认为命运是可以改变的。改变自己的命运，叫作"立命"。那么，怎么做，命运才能朝好的方向改变呢？方法便是"思善"。也就是说，将别人的喜悦视作自己的喜悦，持有这样的关爱之心，命运就会变好。

说到"善"，很多人会想到慈善事业等，觉得"我也想帮助别人，但因为我没有钱，所以帮不了"。此言差矣。所谓"善"，指的是心中有温柔，能在他人的幸福中感受到自己的幸福；心中有关爱，能在他人的悲伤中感受到自己的悲伤。所谓"善"，就是这么一颗心。心中时时具有温柔和关爱，这是非常重要的。

有这样一句话："积善之家有余庆。"意思是，多积善行的人家，其福泽会荫及子子孙孙。"积善，让命运好转"，这就是禅师对袁了凡的教导。

袁了凡由衷接受了禅师的教导。回到家后，对自己的妻子说："看来，只要思善，命运就能好转。"于是两人约定，夫妻竞赛："看一日之中，'思考只要别人好就行'的次数哪个多，努力培育美好的心灵。"经过努力之后，原本命中无子的袁了凡，不久居然有了孩子。

面对长大成人的孩子，袁了凡这么说："原本不会出生的你，现在作为优秀青年即将进入社会。我本来只能活到53岁，但现在69岁了。自从听了禅师的教诲，命运一路好转，现在还活得这么硬朗，真正是命随心转啊！"

我们都想干一番事业，都想度过美好人生，为此，我们必须时时在心中描绘美好的东西，"思善"将使我们的人生前程似锦。

**提高心性**

创立京瓷时，我们既没有资金也没有设备，可谓一无所有。在那种情况下，我决定以人心为本，展开经营。人心虽然易变，但一旦因信赖这一纽带互相连接，其坚固便无物可比。让我们作为相互信赖的同志一起投入工作吧！只要这么做，任何困难都可以战胜。我就是这么想的。

首先是我自己，要努力成为受员工信赖的领导者。同时，对员工，我一有机会就向他们强调："为了成为值得大家信赖的伙伴，希望你们努力提高自己的心性。"就这样，包含我在内的全体员工持续努力，不断提升自己的心性，忘我地投入每一天的工作，这才带来了京瓷今日的成功。

在京瓷，用来提升员工心性的一本教材就是《京瓷哲学》，它由我工作中的感悟或深深刻入我心中的体验归纳而成，现在已经相当厚了。书中阐述了"人应该如何度过人生""应该以什么样的心态投入工作"等条目，此乃京瓷经营之本。在此，围绕"人本来应有的状态"和"努力"这两点，介绍几则我认为重要的条目。

首先关于"人本来应有的状态"，书中是这样阐述的：

**"我们必须时时追求'作为人，何谓正确'。"**

尽管你看到了这个世界龌龊丑陋的一面或者邪恶的案例，但"本来不应该是那样的，作为人本来应该是这样的"——必须时时扪心自问"作为人，何谓正确"，并彻底追求正确的为人之道。

时刻保持一颗追求正确的心，这与不断追求理想一样，应该成为我们最基本的人生态度。

"工作中，我们始终坚持公平的原则，以纯粹的态度对待所有的事情。"

必须贯彻"作为人，何谓正确"这一做人的原理原则。哪怕是年轻员工，在工作中如果察觉到有矛盾之处，也请你们堂堂正正地讲出来。也就是说，要坚持公平的原则，以纯粹的态度对待工作，这一点必须牢记于心。正道经营是我们始终追求的目标。

"我们在处理事情时，必须保持一颗诚意、正义、勇气、仁爱、谦虚之心。"

这些都是贯彻"作为人，何谓正确"的必要条件。我们一不小心，就会从自我为中心出发，依据利己心、欲望、傲慢不逊、妄自尊大、嫉妒、憎恨等"本能心"，采取行动。

但是，以这种"本能心"处理问题，就无法做出正确的判断。我们应该超越"本能心"，拥有从人的灵魂层面发出的诚意、正义、勇气、仁爱、谦虚，去应对各种事情。也就是说，不是"作为自己个人，何谓正确"，而是把"作为人，应该做的正确的事情"贯彻到底。

诚意、正义、勇气、仁爱、谦虚等，嘴上说说很简单,但能够将它们当作人生规范并加以实践的人非常之少。然而,真正能够实践的人,就能在各领域都取得成功。

**"我们行动的基础是持有爱心。"**

这里爱心的爱,并非盲目的爱。有言道:"小善似大恶。"所谓小善,乍看似乎美好又温柔,但其实它会转为大恶。我们以为是善的事情其实是大恶,这样的例子屡见不鲜。所谓大善为何物,需要有看穿它的眼力。我们应该秉持爱心行动,但这个爱心不能想得太单纯,不可等闲视之。

"有节度、讲礼仪、知敬畏的人,当他们具有了真正的勇气时,可望成大事。"

企业经营也好,研发也好,经常需要做出各种判断。这种判断不断累积的结果,就是现在的自己,就是公司的面貌。而且,在关键之处,还必须做出与重大结果相关联的决断,在这种决断时刻,就需要真正的勇气。

但这不是匹夫之勇。也就是说,这和莽撞的所谓豪杰之士所具有的勇气不同。有节度、讲礼仪、知敬畏的人,在经历各种考验、具有了真正的勇气时,就能够做出正确的判断,就能够成就伟大的事业。

关于"努力",有如下内容:

**"努力无限度。无限度的努力可以成就连自己也为之惊叹的伟大的事业。"**

努力能够成就伟大的事业。但这个努力必须是"无限度的努力",即不亚于任何人的努力。"做到这个程度,就已经差不多了",如果只肯付出逊色于他人的努力,那么成功是不可能的。对方的努力超过自己,自己在竞争中不仅会失败,而且结果只能和毫不努力的人一样。努力不存在"这样就行了"的限度,唯有不断付出无限度的努力,方可成就伟大的事业。

**"伟大的事业不是一开始就能成就的,而是由朴实的、一步一步的努力积累而成的。"**

设定目标并达成目标,需要每天每日踏踏实实、持续不断地努力。如果仅仅思考所谓的大事,不把日常平凡的工作放在眼里,认为"做这种微不足道的事,没什么用","自己的目标与现实之间差距实在太大了",就会心生疑虑,烦恼不已。

但是,伟大的事业绝非一蹴而就的,它是朴实无华、一步一个脚印、努力累积的结果。为了成就事业,无穷无尽的、踏踏实实的努力,必须孜孜不倦地、兢兢业业地持续下去。

"前进一步，便可以看到下一步，这样做就能成就伟大的事业。"

一步一步，像尺蠖一样前进，这就是挑战伟大事业的姿态，绝不华丽，完全不起眼，甚至单调乏味。这一步之小，甚至让人怀疑："这能有回报吗？"

但就是这样一步一步地积累，最终将人引向成功，获得大家的赞许。

"物质可以分为从他处接收能量的可燃物、不燃物，以及自我燃烧的自燃物。人想要有所成就，就必须具有自我燃烧的热情。"

物质可以分为：从他处接收能量从而燃烧的可燃物，即使接受能量也不燃烧的不燃物，自己就能燃烧的自燃物。想要成就事业的人，就必须具备自我燃烧的自燃性。

所谓燃烧，说的是自己喜欢上自己正在做的事情。如果是自己喜欢的事情，就会自我燃烧，拼命努力。因为喜欢，所以有趣，也就不会觉得疲劳。另外，为了自我燃烧，必须设定目标。一旦决定了自己的人生目标，或者决定了在公司的工作目标，那么就能够很自然地自我燃烧，去达成目标。

上面这些是《京瓷哲学》的部分内容。或许大家觉得，这里讲的都是理所当然的道理。但是，我不是说说而已，我是真干的，我真心诚意、认认真真地实践这种生活方式。不仅如此，同时我也持续地向员工诉说，要求他们同样认真地贯彻实行。员工们也努力理解我的想法，跟着我努力不止。

这样，以互相提升心性为目标，由持有相同价值观的 8 名同志创建的京瓷，现在已经发展成为员工总数约 3.3 万人的一个巨大的企业集团。京瓷集团、DDI，再加上从事娱乐事业的太东（TAITO）公司㊀，在当下经济不景气的状况下，整个集团的合计销售额高达约 8400 亿日元，税前利润约 1200 亿日元（1994 年 3 月期结算预测），成绩十分亮眼。㊁

这是自创业以来，全体员工共同提升心性，以纯正之心不断努力工作的结果。我自己也走上了一条连自己都惊讶的精彩的人生道路，许多员工都与我有同样的感受。共同提升心性，让大家度过精彩的人生。

---

㊀ 1986 年京瓷注资，太东成为京瓷的子公司。2005 年 8 月 22 日，Square Enix 以 TOB 的形式收购太东，同日，持有太东 36.02% 股份的京瓷与 Square Enix 达成一致。——译者注

㊁ 京瓷、DDI、太东等整个集团合计销售额约为 18 000 亿日元，税前利润约 1550 亿日元（1997 年 3 月末结算）。——译者注

## 按照"人生方程式"度过人生

在推行"以心为本"的经营的过程中，我想到了一个方程式，可以用它来表达人生的结果。它的三个要素的关系是"思维方式 × 热情 × 能力"。

三要素中的"能力"指的是才能，也包含身体的健康程度。因为能力是先天的，所以改变不了。接下来是"热情"，热情指的是"无论如何非如此不可"的强烈愿望，它随着自己的心态不同而变化。

这里的"能力"和"热情"，都在 0 到 100 分之间。将两者相乘的话，那么，与那些夸耀自己的能力，却懈怠了努力的人相比，自认能力平平，但热情超众、拼命努力的人，可以取得远超前者的卓越成果。

然后再加进"思维方式"这一要素。"思维方式"指的是以什么样的心态度过人生、对待工作。"思维方式"的分值可以从 −100 分到 +100 分。持有愤怒、嫉妒、怨恨等负面的思想和情绪，思维方式就是负的；相反，持有积极乐观的思想和情绪，思维方式便是正的。

人生方程式用的是乘法，而"思维方式"由负到正，这两条是要点。能力也好，热情也好，分数越高，结果就越大。但如果不能如实观察事物，思维方式稍现负值，人生结果就会呈现很大的负值。所以，要想度过幸福的人生，保持积极乐观、实事求是的思维方式是必要条件。

我注意到，福泽谕吉㊀也说过意思相同的话。在日本经历明治维新、即将演变为新的近代化国家时，福泽谕吉遍访美国和欧洲，考察了欧美的近代产业、经济的实际状况。回国后，他预测日本也将建起繁荣的近代产业。成为产业界领袖人物应该具备的资质，他将其归纳成了文章，在此介绍一下。

**"思想深远如哲学家，心术高尚正直如元禄武士，加上小俗吏的才干，再加上土百姓的身体，方能成为实业界之俊杰。"**

"思想深远如哲学家"指的是，要成为领导者的人，思想必须如哲学家一样思想深远。"心术高尚正直如元禄武士"说的是，领导者的心灵应该像忠臣藏的义士㊁那样高洁、无私。

再者，"加上小俗吏的才干"说的是，经商需要精明、敏锐的商才。日本新政府刚成立时，官吏数量

---

㊀ 日本著名思想家、教育家，是日本近代著名的维新派人物。——译者注
㊁ 赤穗浪士47人为亡君报仇的故事。——译者注

剧增，其中心思缜密、善于卖弄小聪明的官吏，大都成绩不俗。所谓小俗吏，指的就是这些人。但是，正因为他们人格不正，可能干坏事，须予以矫正，所以才需要有像哲学家那样深远的思想，需要类似于元禄武士那样高尚正直的灵魂。

并且，"再加上土百姓的身体，方能成为实业界的俊杰"说的是，还需要加上强健的体魄和坚韧的意志。

综合起来，福泽谕吉主张，实业家必须具备三个条件："优秀的思想""精明的商才"，以及"强健的体魄和坚韧的意志"。

将这三条对照人生方程式思考的话，思想深远和心术高尚正直指的就是"思维方式"；小俗吏的才干、精明的商才指的是"能力"；土百姓的身体说的是健康的体魄，意味着可以发挥"热情"。所以，如果不具备这些条件，事业就不会成功。人生也同样如此。

## 2. 心之结构

### 从本能到灵魂

我们经常使用"心"这个词，但能够说明"心"为何物的人非常少。但是，如果不理解"心"是什么，那么要思考"所谓人是什么""应该如何度过人生"这类问题，就非常困难。在此，我想阐述一下我所思考的"心之结构"的问题。

我相信，在心的正中间，存在着"灵魂"。灵魂反复轮回转世，并负载着过去的种种经历。灵魂在过去的履历，佛教称为"业"，梵语"karman"。在心的正中间，存在着背负着"业"的灵魂。我相信这一点。

我认为，人的心并不是只由灵魂构成的，灵魂的外侧包裹着对事物做出思考的理性（大脑的前额叶），理性的外侧有感情、感觉（五感），最外侧是本能。也就是说，人的心灵，从内至外，是一个多重结构，分别是灵魂、理性、感情、感觉、本能。

如果心的结构是这样的话，那么其中最重要的，就是位于正中心的灵魂。那么，何谓灵魂？我认为，所谓灵魂就是自我本身，就是背负肉体的、位于自己内心最深处的真实的自己。

禅宗认为，坐禅是为了看透自己的本质。盘腿打坐，一味地寻问"我是谁"，最后得到的结论是"空"。所谓"色即是空"，说的正是这个意思。另外，通过瑜伽冥想，追问"我是什么"，就能触及真我或大我。

在佛教中，把能够触碰到真正的自己之时，称作开悟的境地，又称作三昧境地，是一种妙不可言的至福的心境。这种开悟，既有一瞬间的，也有持续30分或1小时的。据说，禅宗大家白隐禅师说过："自己大悟（大的开悟）18次，小悟（小的开悟）不计其数。"

这样反复修行、坐禅、冥想，触及灵魂，得以开悟的人物，他们心中充满了爱，比起自己顺利，周围的人顺利更让自己开心。这是因为，他们能够触碰到充满关爱之心的灵魂的缘故。

有的人不相信灵魂的存在。但假设我们是没有灵魂的人，那么在我们的心里只剩下维持肉体的本能、来自五感的感觉和感情，以及由大脑皮层进行思考的理性。不过，只凭本能、感觉、感情，以及理性，我们无法度过真正充实的人生。

实际上，我们年幼时就与灵魂相遇了。小时候，做了什么坏事，总会担心"会不会被人知道啊""会被母亲责备吧"，懊悔"要是没做那事就好了"，这样的经历大家或许都有。年幼时，因为很纯粹，所以灵魂（良心）会忽然露脸。但是，成人以后，那种良心的谴责消失了。这是人失去了天真之心，变得世故，因而灵魂被埋没的缘故。

我们平时可以感受到的是：利己赤裸的本能，日常生活中出现的感觉、感情，以及企图控制本能、感觉、感情的理性。很遗憾，位于心最深处的灵魂却很难觉悟到。然而，如果不相信灵魂的存在，不理解其重要性的话，那么"人生是什么""应该具备怎样的心态"这些问题就无从思考。

## 变化之心与不变之心

观察一下自己的心就会明白，心中存在着变化之心和不变之心。变化之心是靠近本能的心，不变之心则是靠近灵魂的心。接下来，举几个例子加以说明。

比如，在本能层面，饱餐一顿美味佳肴，会觉得很幸福。但是，明天、后天，天天都吃同样的菜肴，就会渐渐腻烦。再如，以前只要能吃上红薯就觉得很开心了，但逐渐富庶后，一般的美食已经不能满足了。这就是本能。

仅凭本能考虑，欲望就会无限膨胀。如果全人类都以满足自己无限膨胀的欲望来感受幸福的话，地球上的资源、能源，即使消耗干净也不够用。在本能层面感受到的愉悦是不稳定的，只是某时刻一刹那的东西。通过本能感受到的幸福，其内容会不断变化，人的欲望会不断膨胀。

感觉层面感受到的幸福也一样。比如听交响乐，初次去听，感动得身体颤抖，但听了几次后，便会觉得"这次演奏不怎么样"。欣赏绘画也是，一幅好画看多了之后，之前感觉很好，后来会觉得"这画颇为拙劣"。这是因为感觉的水准提升后，评价基准发生了变化，最初觉得很好的东西，渐渐就没感觉了。感情层面同样如此。

那么，在理性层面做判断时，又会怎样呢？也是变化的。比如，在物理学理论中，从前认为牛顿定律是正确的，但现在它已经不能充分说明问题。理论也是日新月异、不断变化的，永恒不变、唯此正确的理论并不存在。

连理性的部分也不稳定的话，那么不变的东西是什么呢？我认为，从结论上讲，只能是灵魂层面的东西了。那么，在灵魂层面感受到的东西，又是什么呢？平时不太明确，但有时它会以我们知道的形式表现出来。

例如，就人具有的真正魅力来分析一下。如果用理性和本能层面的心看一个人时，有时尽管感觉"外貌难看"或者"能力不行"，但内心仍被此人吸引，这是因为此人具有真正的人格魅力。相反，无论能力多高，外表多好看，但他待人冷淡，自私自利，在这样的人身上，你感觉不到任何魅力。

真正的魅力，不是相貌或能力，而是此人自然流露出来的温柔与关爱。

在与充满关爱之心的人相遇时，我们的心情会愉悦起来，心境会自然平静下来。为什么呢？正如刚才所述，因为灵魂是充满关爱的。因此，我们的灵魂会被同样充满关爱的人所吸引。并且，即使和这样的人多次相见，照样感觉爽快和喜悦。这是灵魂使然，这个心是不变的。

在心中，有变化之心和不变之心。我们不应被持续变化的、接近本能的心所束缚，而应珍惜更靠近灵魂的不变之心。不要被表面现象所迷惑，要用灵魂看透事物的本质。

**幸福在灵魂指示的方向**

我所说的"灵魂"，是指充满"爱、真诚与和谐"的东西，可以用"真善美"来表达。

耶稣基督教导"爱"，释迦牟尼倡导"慈悲"，这与我所说的"灵魂"是相同的。我们应该真诚地信奉这些词语中表达的精髓。它们倡导的生活方式，会给我们带来真正的幸福。

许多宗教都提倡"诚实、谦虚、仁爱、纯朴、温和、关爱"，朝着这些词语指示的方向前行，会接近灵魂的本质，度过美好的人生。相反，如果以嫉妒、怨恨、恼怒、不平不满之心来处理事情，人生诸事就会不顺利。我们要忠实于灵魂，这样做，可以度过一个精神丰盈的人生。

这个灵魂并非人类独有，自然万物皆有灵魂。为什么这么说呢？因为从宇宙诞生时起，灵魂就已经存在了。

说明宇宙诞生最有说服力的理论是大爆炸理论。最初是基本粒子形成的团块，而后团块发生大爆炸，形成了宇宙。

根据这个观点，最初的大爆炸之后，基本粒子集合，形成了中子和质子，它们结合形成了原子核。以原子核为中心，周围环绕一个电子，产生了最初的原子。

接着，这些原子相互融合，进一步形成了重原子。这些重原子结合，又产生了分子和高分子，进而再发展成蛋白质等物质。这些物质接收某种能量，形成生命体，进化为微生物。微生物再进一步进化，产生了植物和动物，最终产生了人类。

像这样，基本粒子不是永远以基本粒子的状态存在的，而是不断向高级形态发展的。一切物质都一刻不停，不断进步、发展、进化。

在这里，我感受到了积极向上的、充满善意的同情与关怀，即爱的法则的存在。宇宙中存在"爱的法则"，在爱的帮助下，一切事物都向着进化、成长的方向前进。宇宙充满了爱。

理所当然，人类和人类生活的世界，也处在宇宙的"爱的法则"之中。因为我们的灵魂充满了同情与关怀，所以与宇宙的法则相同，爱是它的根源。并且，宇宙的"爱的法则"，在人的世界里，也可以换言为"大家走向幸福的法则"。

所以，只要符合宇宙的"爱的法则"，按照灵魂指引的方向，真诚、谦虚、努力不止，保持温和与关爱，我们就能够在美好的人生道路上克服一切障碍，勇往直前。如果有什么不顺利的事情发生，那么，"自己心中有无背离了爱的东西在作怪呢"，我们就可以这样谦虚地做出反省。

我们往往拘泥于细微现象的变化，但当我们在宇宙这个巨大的坐标中，谦虚地审视自己的时候，我们才能认清真正的自己。为了度过一个美好的人生，我们要遵循宇宙的"爱的法则"，保持一颗充满关爱的心。

## 3. 利他之心

### 利己与利他

我认为，人的心大致可以分为利己和利他两种。利己之心，指的是"只要自己好就行"的心；利他之心，指的是哪怕牺牲自己，也要帮助他人的心。

人不吃饭就活不下去。一般人绝食10天大概就会死去。食欲、传宗接代的性欲、想让别人看好自己的名誉欲，以及恼怒、憎恨、嫉妒心等，所有这些都是利己之心。人原本就有利己之心，往往只会以自己的得失、对自己是否有利作为基准，对事物做出判断。

这样解释的话，好像利己不是什么好东西，或者是不需要的东西，但事实未必如此。利己之心是维持肉体所必需的东西，利己之心也是神灵赐予人的心的一种。但是，如果只拿利己之心说事，"只要自己好就行"，那么人绝不会获得幸福。

以企业经营为例。如果经营者只想增加自己公司的利润，或者想过更奢侈的生活，以这类利己的欲望为动机经营企业的话，起步阶段经营也许顺畅，但是绝不会持久，迟早会漏洞百出。因为只要自己好就行，所以在某天、某地、某个问题上，就会采取与一般大众为敌的行为。这样一来，就会出现社会的反作用，产生冲突，致使经营走进死胡同。

实际上，某些曾被誉为著名企业家的人，功成名就之后，本来应该立足于更广阔的视野，更好地拓展经营，但是他们却反其道而行之，开始只考虑自己企业的利益，只为自己而扩张权力，结果只好下台。这样的人不在少数。

最近几年，由于金融造假丑闻以及大建筑公司招标舞弊事件等频频曝光，许多经营者因此被企业扫地出门，在那里他们曾奉献了大半生，真是可惜。之所以出现这种现象，我认为，就是这些经营者的利己之心太重的缘故；不知从何时起，只要自己好就行、只要自己的公司好就行，这种利己之心过了头的缘故。

这种事不限于企业经营，我们的人生也同样如此。许多人就是因为利己之心太重而反复受挫。利己之心虽然有必要，但仅有利己之心，绝不会度过美好的人生。在别人的喜悦中感受到自己的喜悦，在别人的悲伤中感受到自己的悲伤，这样的利他之心，我们必须更多地持有。利己之心与利他之心在人的心中同居，把哪个放在更重要的位置，人生的结果迥然不同。

**心态不同会产生地狱与天堂之差**

京都圆福寺长老告诉我下面这个故事，这个故事清晰地表达了利他之心的重要性。

某行脚僧问长老："据说，在那个世界里，有地狱也有天堂，真的吗？另外，如果有地狱的话，那是个什么样的地方呢？"

长老回答："当然，那个世界有地狱也有天堂。但是，两者的区别并没有你想象的那么大。从外表上看，地狱与天堂完全相同，唯一不同的是居住在那里的人的心不同，地狱由抱有利己之心的人居住，天堂里住着抱有利他之心的人。"

行脚僧接着问："仅仅心不同，为什么就分出了地狱和天堂呢？"

对此，长老举了如下一个例子。

在某个房间的正中央放着一口大锅，里面煮着可口的面条，旁边还放着蘸汁。

但吃法有规则。必须使用约1米长的筷子，必须拿着筷子的一头。至此，地狱和天堂的情况完全相同。也就是说，锅的大小以及围锅而坐的人的数量都一样，唯一不同的就是人们的心。

"在那里，会出现什么样的情况呢？请你想象一下。"长老反问了一句。

饥肠辘辘之际，眼前摆着美味的面条，如果有人说"好吧，大家可以吃了"，会发生什么情况呢？

在地狱里，有人用1米长的筷子夹起面条后，马上就放到自己身边的蘸汁里蘸一蘸。蘸没有问题，但因为筷子太长，面条送不进自己的嘴里。对面的人看到面条被夹走，"这家伙想先吃，那怎能忍受"，就用筷子把这边的面条抢走。于是你抢我夺，美味的面条散落在锅的周围，结果谁也没能吃到一口。人都进了饿鬼道。

但是在天堂里，大家相互招呼"面条煮好了，大家一起吃吧""那我就夹了"，于是就用筷子夹起锅里的面条，夹起后放到对方身旁的蘸汁里蘸一下，然后用筷子送到对方面前,"来,你先吃吧"。对面的人吃完后,说道"哇,真好吃,这次换你吃",并把面条夹给对方。这样面条一点也没有糟蹋,大家都吃得很安稳。每个人都双手合十,一边感谢,一边享用。

"这就是天堂,但表面与地狱毫无区别。"长老一语道破。

听了这个故事,我们一定会感同身受,点头称是。利己与利他,由于心态不同,人生可以出现如地狱与天堂那样巨大的区别。

**用利他之心扩展人生视野**

抱有这样的利他之心,我们的视野就会得到拓展,遭遇巨大障碍的事情就会消失。

比如,自己的企业变大,员工数增多,为了让所有员工都能够安心工作和生活,经营者拼命努力,那么,相应的利他之心便会扩大。除了员工,同时也想为区域社会做出贡献,这时利他之心会扩展到社区。再进一步,如果想为国家和国际社会也做出贡献,利他之心便会再次扩大。关爱之心,不仅仅停留于员工,其范围会逐渐扩大至区域、国家乃至世界。

但是，利己与利他是相对的。比如，在一家小公司，经营者决心守护公司，珍爱员工，这里就有利他之心。但是，如果只考虑企业的利益，在社会看来，这是企业层面的利己，因为"只要自己企业好就行"，企业就可能与社会为敌。

再如，某个区域社会的居民不是只顾自家，也为区域考虑，这属于利他之心。但是，如果只顾区域社会，对日本整体而言，这就是区域层面的利己。同样，如果只顾日本，就和老是强调"国家利益"一样，只考虑一国的利害，就是国家层面的利己。只追求自己一国的利益，势必给世界带来损害。所以，比起国家利益，更需要"地球利益"，这要求的是一种更广阔的利他的思维方式。

这样看的话，就可以懂得，利他的范围越扩展，视野也随之越广阔。从"只要自己好就行"的立场，到重视家庭，繁荣企业，搞好区域社会，尽力为国家，乃至为国际社会做贡献。利他范围如此扩展的话，与此相应的关注度也会加深，视野也会扩展。

有了广阔的视野，就能看清前进的方向，就能做出正确的判断，在问题发生之前采取预防措施。相反，如果一味执着于利己，只考虑自己的事情，视野就会变得非常狭窄，而且难免不被眼前利益所蒙蔽，做出错误的判断，最终以失败收场。

尽力扩展利他之心，这样做的话，不仅能度过充满关爱、精神丰盈的人生，而且视野也能扩展，前景也能一目了然。

**把利他之心作为判断基准**

从琐碎小事到重大决策，我们每个人每天都要做出许多判断。这种判断，没有100%正确的，也没有100%错误的，在这之间有各种层次的判断，我们日复一日，不断积累。迄今为止，这些判断累积的结果，就是我们现在的人生。也就是说，每天判断行为的累积决定了我们的人生。

那么，这些判断究竟是从何而来的呢？我们又是依据什么做出判断的呢？

既有凭借直觉当机立断的，也有与多个同事伙伴讨论后做出判断的。虽然是历经各种过程做出的判断，但仔细思考就能明白，最终都是由我们的心在进行判断，判断的基准在我们的心中。

不过，一个"心"字，如前所述，却有各种各样的层次。首先，无意识状态下的判断，是本能层面的判断。所谓本能，就是利己的思维方式，就是对于自己个人，是失还是得，用这一基准进行判断。

其次，依据感觉和感情，即所谓五感做出判断。在这种情况下，判断的基准会因时而变，往往缺乏一贯性。换句话说，因习惯和经验不同，基准会发生变化；基准还会被自己个人的身体状况和周围的环境所左右。

另外，还有在理性层面上对事物做出判断的情况。理性心用来对现实的事物进行分析、推论。理性心可以用于情况分析，但多数情况下不会关联到行动。理性是把现状作为前提展开思考的，所以，如何变革现状，为此又应该采取何种行动，对这样的判断，理性派不上用处。

最后，存在用超越理性心的灵性心进行判断的情况，灵性心位于心的最深处。灵性心，指的就是灵魂，就是利他之心。它超越"只要自己好就行"的局限，是哪怕牺牲自我也要奉献他人的心。在灵魂层面做的判断，依据的基准是"对他人好"，也就是遵循了前文提到的宇宙的"爱的法则"，因此没有任何可以阻挡它的东西。周围的人都乐于接受，它具备打动并动员人心的力量。

我们每天都要做出许多判断，其中有的是依据靠近本能的利己之心做出的，有的是依据靠近灵魂的利他之心做出的。既然人生是每天判断累积的结果，那就应该尽量基于利他之心，即宇宙的"爱的法则"进行判断。这样的话，周围的人就会由衷地接受这种判断并给予协助，一切都会进展顺利。这样的判断日积月累，就能够让我们度过一个精彩的人生。

然而，看看日本的现状，深陷于利己之心的个人和组织未免太多了。可以说，整个日本社会都被利己之心所覆盖。

日本从二战后的谷底爬起，如今已成了全球数一数二的经济大国。在这期间，日本人拼命工作。但是，这份成功却不受世界人民的欢迎。另外，日本人也并没有因为这份成功而赢得世界人民的尊敬和信任。并且，日本人自己也没有昂首挺胸，为这份成功表现出自豪。

这是为什么呢？我认为，这是因为日本经济发展虽然成功了，但日本人却执着于利己，被利己的价值观所捆绑；是因为日本人不懂得知足，为满足自己无限度的欲望而工作的人太多了。

因为利库路特事件[1]、金融造假丑闻、大建筑公司招标舞弊等原因，遭社会唾弃的政治家、官僚、企业经营者，以及在日本泡沫经济时期追求一攫千金、最后濒临破产的众多的白领人士等，因为利己之心而身败名裂的事例不胜枚举。

政治家、官僚、经营者甚至众多的白领人士，为利己之心所驱使，所思所行都只为自己，失去了人本来应有的风范，汲汲于满足自己无限度的欲望。我认为，是利己附体的日本人的心，制造了当今日本社会的混乱局面。

现在人们追求的，难道不该是以利他之心为根基的崭新生活方式吗？

## 拓展利他之心

前面我一直强调，利他之心极其重要，但是，要拓展利他之心并不容易。为什么呢？因为利他之心就是潜于心之深处的灵魂本身，而这个灵魂，我们甚至连触碰都触碰不到。

为了把自己的灵魂呼唤出来，需要非常艰苦的修行。前文提到，哪怕是通过终身修行、步入佛道的白

---

[1] 日本二战后最大的贿赂案之一。——译者注

隐禅师那样的高僧，能够触及灵魂的机会，即"开大悟"的次数，一生中也只有18次。因此，我们这些杂事缠身、终日忙碌的凡人，通过修行触及灵魂并不容易，拓展利他之心也不容易。即使"祈愿他人好"，想用纯洁之心去努力，但利他这种温和优雅之心仍然显现不出来。

那么，怎么做才好呢？我认为，只要抑制人拥有的"只要自己好就行"的利己之心，相应地，那份利他之心就会涌现出来。比如，可以把心看作一个容器，通常这个容器中装满"只要自己好就行"的利己之心。但是，抑制这种利己之心，容器就会出现空隙，这时，利他之心就会代替利己之心自然地填补进来。心就是这样一种结构。

因此，没有必要刻意让利他之心出头，只要抑制利己之心就行。抑制自己的欲望，佛教叫作"知足"。如果放任利己的欲望不管，它就会无限膨胀，不过，可以通过"知足"来抑制它。这样一来，利他之心自然就会显现。

我故乡的伟大前辈，成就了明治维新大业的西乡隆盛，为了抑制利己之心，留下了如下名言：

"爱己者不善之最也。治学不精,事业无成,有过不改,居功骄傲,皆由爱己过度而生,都决不可为。"

## 人生须反省

我们都想提升心性,那么该如何做呢?我认为有两种方法:

一种方法,就是直面与自己性命、名誉攸关的极其严重的局面。例如,患重病濒临死亡,或者因某种失误而受到指控、遭人蔑视。经历这样的打击,痛苦达到极点,由此人会改变。这是因为在极其残酷的修行中,人会解脱、会开悟。但是,这是被动的方法,不是自己主动的。

另一种方法,就是对自己的人格时时加以反省。在人生中经常反省的话,人格就会逐渐提升。反复反省,人格重要的组成要素(即潜意识)就会发生变化。

这种方法,因为自己是主体,可以主动实行,所以一般人也能做到。但是,要采用这种方法,由自己来反省、由自己来提升人格的这种强烈意志,就变得非常重要。我们这些平凡的人,如果想要在日常生活中提升心性,就必须具有强烈的意志,必须谦虚地审视自我,不断地反省。

但是，即使是已经具有高尚人格的人，如果不能谦虚地、持续地反省，也不能维持住这样的人格。

例如，读了书，深受感动，并因此提高了心性水平。但这只是瞬间的事，这样的刺激如果不反复接受的话，这种心性水平就无法维持。哪怕是人格非常优秀的人，至今一帆风顺，但如果他懈怠了反省，思维方式就会倒退，最终又回归为利己之人。

宗教界也有这样的事例。年轻时通过艰苦卓绝的修行大彻大悟，成为阶位最高的高僧，但随着年龄的增长，又回归为凡人。不管心性提升到多高，但如果不时时反省，不持续学习，很快就会回到原点，这就是人的本质。就好比每天严格锻炼因而身强力壮的运动员，锻炼稍有懈怠，体形就会走样。更何况要把人格提升到比过去更高的水准，除了深入学习、刻苦钻研，严格的自我反省更是必不可缺的。

有一种意见认为，通过教育可以提升人格。但是我认为，只靠教育，人的心性无法提高。通过教育，我们学习了用理性思考，但当自己实际采取行动时，理性会消失，本能会发动，利己之心自然冒头，然后若无其事地做起与接受的教育完全相反的丑事。所以，重要的是，把受教育中掌握的东西作为基础，自己不断地进行反省。

所谓人生须反省，是指对于每天进行的各种判断，作为人，究竟是正确还是不正确，要谦虚地不断进行反省，在这样的自我反省中生活和工作。要回归到本来的自己，并告诫自己："不能只考虑自己！""不可有这种卑怯的行为！"这样，反复告诫自己，就能在犯错之前意识到会引发自己犯错的心，因而不犯错误。

我们每天都在忙碌，一不小心就会迷失自己。为此，必须有意识地养成反省的习惯。在人生中不断反省，就能改正自己的缺点，提升自己的人格。

**表彰杰出者**

1993年11月10日，在国立京都国际会馆，第9届京都奖的颁奖仪式在庄严的气氛中隆重举行。

先进技术领域的获奖者，是引领当下信息革命，对半导体集成电路的进步发展做出贡献的美国的杰克·基尔比；基础科学领域的获奖者，是提出了说明动物利他行动的"包括适应度"概念，为生物科学带来革命性影响的英国的威廉·汉密尔顿；精神科学、表现艺术领域的获奖者，是来自波兰的维托尔德·卢托斯瓦夫斯基,他通过导入新的无调性音乐以及特有的偶然性手法,为"二战"后的音乐界带来了极大影响。

对这三位获奖者,分别颁发了京都奖的纪念奖牌和4500万日元奖金⊖。来自世界各地的参加这一盛典的人们,为这三位的卓越成绩以及为此付出的努力送上了真挚的祝贺。

我想要创办京都奖,是在1984年,也就是京瓷迎来成立25周年的时候。从零起步的京瓷,在全体员工的努力和世界各方的支持下不断发展,成了人们口中的优秀企业。

我希望对带给我这份幸运的世界人民给予回报,同时将我的理念用具体的形式付诸实践。我的理念是"为世人、为社会做贡献,是人最高尚的行为"。

当时我听说,世界上有很多研究人员,他们鲜为人知,默默地付出了艰苦的努力,取得了卓越的成绩,然而,让他们由衷高兴的国际奖项却非常少。表彰付出加倍于他人的努力、为人类发展做出贡献的人,是非常有意义的事情,也符合我多年的心愿。于是我投入个人财产200亿日元,成立了稻盛财团,创

---

⊖ 1998年时,京都奖的奖金金额为5000万日元。——译者注

设了"京都奖"。㊀

当时我 52 岁。对于我的行为，社会上有人给予高度评价，认为非常了不起，但也有人非难说，"年纪轻轻的，个人设奖，太狂妄""是沽名钓誉吧"等。

我见过许多这样的事例，年轻时充满理想的经济界人士，随着年龄增长，溺于私欲，丑态毕露。对我来说，用汗水赚来的 200 亿日元的确是一笔巨款，身为凡人，说老实话，我也有点舍不得。但是，"我能够抑制利己之心，做出正确判断，向这一事业迈进，只有今天才行"，当时，我就是这么想的。

我认为，有资格获得京都奖的人，必须和京瓷一样，一贯保持谦虚，付出加倍于他人的努力，追求真理，对伟大之物怀揣虔敬之心的人；同时，对世界的文明、科学、精神方面的提升做出卓越贡献的人；另外，还必须是真心祈愿人类幸福，并为此付出努力的人。

实际上，正如我心中所描绘的，许多为社会、为世人默默努力的杰出人士获得了京都奖，而且众人都发自内心地赞赏他们。当亲眼见到这一幕时，我不禁

---

㊀ 对稻盛财团，在最初的 200 亿日元的基础上，稻盛和夫又额外进行了捐赠。从财团创立开始到现在，共计投入个人财产约 360 亿日元。——译者注

感慨:"一件好事总算做成了!"

京都奖能够成立,并不是因为我出了钱,而是多亏了赞同我的想法、代表日本的众多有识之士,以及在培育新的奖项之际,出力支持的国家、京都府、都市的政府人员,还有欢迎该奖项的广大市民。在他们的鼎力相助之下,京都奖才能成功举办。在此,再次向他们表示感谢。

在这里,我并没有任何自吹自擂的意思。作为凡人,我有幸取得了成功,拥有了想象之外的财产。"这是我自己赚来的钱!"我不由得这么想。但是,我的灵魂轻轻地告诉我:"不对!这是托了世人的福。"因此,我拼命抑制自己的利己之心,想为社会、为世人做些贡献。这样做了,果然得到了很多人的欢迎,而我的人生也更加充实了。不是说拿出多少钱的问题,而是因为有了利他之心,自己才真正获得人生的充实感。我觉得,我重新学到了这一点。这就是我想阐述的。

为了表彰那些做出卓越贡献的人,今年(1994年)值得纪念的第10届京都奖颁奖仪式,将同样于11月10日在国立京都国际会馆举行。

## 盛和塾

稻盛和夫经营研究中心（"盛和塾"）是企业经营者学习、亲身实践稻盛和夫的人生哲学、经营哲学与实学、企业家精神之真髓的平台。塾生通过相互切磋、交流，达到事业隆盛与人德和合，成为经济界的中流砥柱、国际社会公认的模范企业家。

1983年，京都的年轻企业家们向稻盛先生提出了一个愿望——"给我们讲解应该如何开展企业经营"。以此为契机，由25名经营者组成的学习会启动了。至2019年底，全世界"盛和塾"已发展到104个分塾，除日本外，美国、巴西、中国、韩国相继成立了分塾。

2007年，曹岫云先生率先发起成立中国大陆地区第一家盛和塾——无锡盛和塾，并任首任会长。

2010年，稻盛先生亲自提议成立稻盛和夫（北京）管理顾问有限公司（以下简称"北京公司"），作为总部负责中国盛和塾的运营。

北京公司成立之初，稻盛先生即决定在中国召开塾长例会，即稻盛和夫经营哲学报告会，后更名为盛和塾企业经营报告会。2010年至今，13届盛和塾企业经营报告会先后举办。盛和塾企业经营报告会已成为一年一度企业经营者学习、交流稻盛经营学的盛会。

2019年底，稻盛先生宣布关闭世界范围内的盛和塾，仅保留中国的盛和塾继续运营。2020年11月14～15日，盛和塾第13届企业经营报告会在郑州举办，稻盛经营学研究者、实践者做现场发表，3000余名企业经营者现场参加了会议。

盛和塾成立30多年来，不仅会员人数不断增加，学习质量也不断提高，其中有100多位塾生，他们的企业已先后上市。这么多的企业家，在这么长的时间内，追随稻盛和夫这个人，把他作为自己经营和人生的楷模，这一现象，古今中外，十分罕见。

盛和塾的使命：帮助企业家提高心性、拓展经营，实现员工物质与精神两方面的幸福，助力中华民族伟大复兴，促进人类社会进步发展。

盛和塾的愿景：让幸福企业遍华夏。

盛和塾的价值观：努力、谦虚、反省、感恩、利他、乐观。

盛和塾公众号　　　盛和塾官方网站　　　稻盛和夫线上课堂

## 最新版
# "日本经营之圣"稻盛和夫经营学系列
### 任正非、张瑞敏、孙正义、俞敏洪、陈春花、杨国安 联袂推荐

| 序号 | 书号 | 书名 | 作者 |
|---|---|---|---|
| 1 | 9787111635574 | 干法 | 【日】稻盛和夫 |
| 2 | 9787111590095 | 干法（口袋版） | 【日】稻盛和夫 |
| 3 | 9787111599531 | 干法（图解版） | 【日】稻盛和夫 |
| 4 | 9787111498247 | 干法（精装） | 【日】稻盛和夫 |
| 5 | 9787111470250 | 领导者的资质 | 【日】稻盛和夫 |
| 6 | 9787111634386 | 领导者的资质（口袋版） | 【日】稻盛和夫 |
| 7 | 9787111502197 | 阿米巴经营（实战篇） | 【日】森田直行 |
| 8 | 9787111489146 | 调动员工积极性的七个关键 | 【日】稻盛和夫 |
| 9 | 9787111546382 | 敬天爱人：从零开始的挑战 | 【日】稻盛和夫 |
| 10 | 9787111542964 | 匠人匠心：愚直的坚持 | 【日】稻盛和夫 山中伸弥 |
| 11 | 9787111572121 | 稻盛和夫谈经营：创造高收益与商业拓展 | 【日】稻盛和夫 |
| 12 | 9787111572138 | 稻盛和夫谈经营：人才培养与企业传承 | 【日】稻盛和夫 |
| 13 | 9787111590934 | 稻盛和夫经营学 | 【日】稻盛和夫 |
| 14 | 9787111631576 | 稻盛和夫经营学（口袋版） | 【日】稻盛和夫 |
| 15 | 9787111596363 | 稻盛和夫哲学精要 | 【日】稻盛和夫 |
| 16 | 9787111593034 | 稻盛哲学为什么激励人：擅用脑科学，带出好团队 | 【日】岩崎一郎 |
| 17 | 9787111510215 | 拯救人类的哲学 | 【日】稻盛和夫 梅原猛 |
| 18 | 9787111642619 | 六项精进实践 | 【日】村田忠嗣 |
| 19 | 9787111616856 | 经营十二条实践 | 【日】村田忠嗣 |
| 20 | 9787111679622 | 会计七原则实践 | 【日】村田忠嗣 |
| 21 | 9787111666547 | 信任员工：用爱经营，构筑信赖的伙伴关系 | 【日】宫田博文 |
| 22 | 9787111639992 | 与万物共生：低碳社会的发展观 | 【日】稻盛和夫 |
| 23 | 9787111660767 | 与自然和谐：低碳社会的环境观 | 【日】稻盛和夫 |
| 24 | 9787111705710 | 稻盛和夫如是说 | 【日】稻盛和夫 |

# "日本经营之圣"稻盛和夫经营实录
## （共6卷）
### 跨越世纪的演讲实录，见证经营之圣的成功之路

| 书号 | 书名 | 作者 |
| --- | --- | --- |
| 9787111570790 | 赌在技术开发上 | 【日】稻盛和夫 |
| 9787111570165 | 利他的经营哲学 | 【日】稻盛和夫 |
| 9787111570813 | 企业成长战略 | 【日】稻盛和夫 |
| 9787111593256 | 卓越企业的经营手法 | 【日】稻盛和夫 |
| 9787111591849 | 企业家精神 | 【日】稻盛和夫 |
| 9787111592389 | 企业经营的真谛 | 【日】稻盛和夫 |